각자의 자리에서 AI와 함께 길을 만들어가시는 모든 분들께

이 책이 한 줌 힘이 되기를 바랍니다.

- 김희연 드림 -

리더는 AI에게
질문하지 않는다

리더는 AI에게 질문하지 않는다

김희연 지음

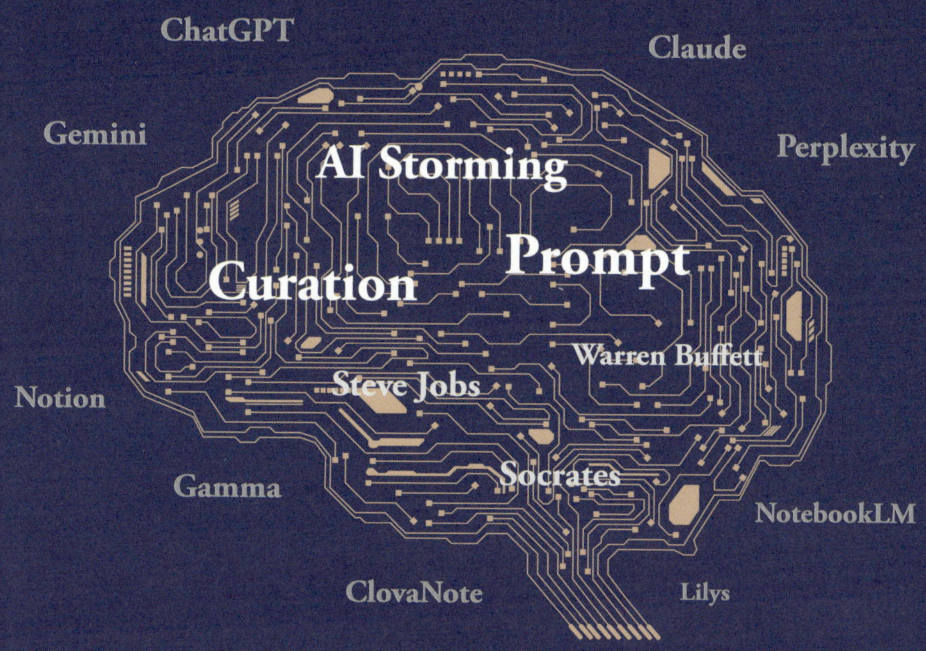

새로운 가치를 만드는 리더를 위한
프롬프트 설계와 큐레이션 기술

북피움

AI로
더 강한 나를 만들자

스티브 잡스가 내 옆에 있다면?

중요한 결정을 앞두고 보고서를 다시 펼쳐봅니다. 데이터를 뒤적이고 고민을 거듭해도 답이 나오지 않습니다. 주변에 조언을 구할 사람도 마땅치 않습니다. 분석으로 되지 않는 영역, 나의 직관만으로 밀어붙여야 할 때, 프로젝트 멤버들과 얘기해도 앞으로 나아가지 못할 때, 직원들은 저를 쳐다봅니다. "결정은 당신 손에 있습니다." 리더라면 누구나 이런 순간이 있습니다.

저는 지난 30년간 IT 애널리스트와 LG디스플레이 전략 수장으로 일하며 이런 순간을 수없이 겪었습니다. 빅데이터와 AI로 수요·공급·가격 예측 알고리즘을 만들었지만, 세상 모든 것이 데이터로 설명되지는 않았습니다. 결국 결정의 순간에는 분석을 넘어서는 촉과 직감에 의존해야 했습니다. 그 직감은 늘 불안을 동반했지요. 리더의 자리는 '외로운 고민' 위에 세워집니다.

그때마다 생각했습니다.

"스티브 잡스라면 어떤 판단을 할까?"
"워런 버핏이라면 어떤 점을 더 들여다볼까?"
"알라딘의 지니처럼 내 한계를 뚫어줄 존재가 있다면 얼마나
좋을까?"

2023년 말, 챗GPT가 등장했을 때 저는 그 질문을 하나씩 AI에게 던지기 시작했습니다. 이 책은 그 시도와 배움, 그리고 응용의 기록입니다.

운전을 잘하기 위해 자동차를 만들 필요는 없습니다.

많은 분들이 묻습니다. "엔지니어도 아닌데 어떻게 AI 강의를 하고 책을 쓰시나요?" 저는 웃으며 답합니다. "운전을 잘하기 위해 자동차를 설계할 줄 알아야 할까요?" 중요한 것은 엔진을 만드는

능력이 아니라, 'AI를 어떻게 목적지까지 안전하고 빠르게 몰고 가
느냐'입니다.

영화 「F1 : 더 무비」(2025)를 보면 기술진과 드라이버의 완벽한
팀워크가 나옵니다. 기술진이 최고의 자동차를 만들지만, 결국 승
부를 결정하는 것은 드라이버입니다. 언제 속도를 올리고, 언제
추월할지 판단하는 드라이버의 감각과 실력에 달려 있습니다.

AI도 마찬가지입니다. **AI는 세상의 인프라가 되는 기술입니다.**
"이 기술을 내 영역에서 어떻게 가장 잘 활용할 것인가?" 그것이
중요한 화두이지요. 도메인 지식이 있는 사람, 현장을 잘 아는 사
람이 그 분야에서 AI를 잘 쓸 확률이 높습니다.

기술보다 중요한 것은 통찰의 시선입니다.

일본의 은행원 출신 와카미야 마사코 할머니가 82세에 시니어
를 위한 게임 앱을 개발해 세상을 놀라게 했습니다. 프로그래밍
을 모르는 분이 어떻게 앱 개발을 했냐는 질문을 주로 받은 그녀
는 의아했다고 합니다.

"앱 개발은 배우면 됩니다. 기술자도 많아요. 정작 중요한 건, **어**

떤 앱을 만들지 아는 것이에요. 노인들의 불편을 찾아내는 통찰의 시선이 훨씬 중요하죠."

서양 사람들이 와인 맛을 세밀하게 구분하는 것을 보면 신기합니다. 타고난 미각 덕분일까요? 저는 많이 경험했기 때문이라고 생각합니다. 반대로 그들이 김치 맛을 우리만큼 구별할 수 있을까요?

결국 가장 잘 아는 영역에서 기술과 세상의 흐름을 자신에게 끌어들이는 것이 중요합니다. 이 책은 그래서 현장에서 부딪히는 리더의 고민에 대한 해법이 필요할 때, 남다른 차별화가 필요할 때, 결정적 아이디어가 필요한 바로 그 순간에 AI를 어떻게 활용할 것인가를 다룹니다.

이 책의 내용은 3단계로 진화합니다.

1단계는 AI를 사람처럼 이해하기, 2단계는 AI를 통해 아이디어를 증폭하기, 3단계는 AI 시대의 인재가 되기 위해 그 체력을 기르는 법입니다.

1단계 : AI를 도구가 아닌 동료로 이해하라

1단계에서는 AI가 어떻게 구동하는지를 사람에 빗대어 쉽게 풀었습니다. AI는 인간의 사고와 언어를 모방한 존재입니다. 창업자의 철학과 비전이 다르면 AI도 다르게 만들어집니다. 강점이나 약점, 심지어 MBTI도 다릅니다. AI를 사람처럼 이해하면 배우기도, 응용하기도 쉬워집니다.

2단계 : 큐레이션과 브레인스토밍으로 한계를 돌파하라

AI와 함께 새로운 것을 만드는 단계입니다. 서치, 리서치는 기존에 존재하는 지식과 정보를 불러오지만 새로운 아이디어나 통찰을 끌어내려면 큐레이션과 AI 스토밍(AI 브레인스토밍을 줄인 말)이 필요합니다.

큐레이션은 의외의 연결로 새로운 가치를 만드는 방법입니다. 다이슨의 날개 없는 선풍기가 가전 기술과 항공역학의 만남에서 나왔고, 포드의 자동차 컨베이어 벨트가 도축장에서 아이디어를 얻었듯이, 전혀 다른 분야의 상식이 해결의 고리가 되는 순간이 있습니다. 이런 '아하!'의 순간을 우연에 맡기지 않고 의도적으로 연습할 수 있는 것이 큐레이션 프롬프트입니다.

AI 스토밍은 프롬프트 하나로 스티브 잡스나 워런 버핏 같은 인류 최고의 지성을 불러와 그들의 시각에서, 리더의 고민과 연결해 조언을 듣고 영감을 얻는 것입니다. 혼자서는 얻기 어려운 아이디어와 통찰을 건져낼 수 있습니다.

3단계 : AI 시대에 맞는 기초 체력을 길러라

3단계는 AI를 활용하는 스킬을 넘어, 시대의 흐름을 읽고, 그에 맞는 근본 체력을 기르는 여정입니다. AI가 지식을 다 준다면, 이제 '안다'는 것의 의미는 무엇일까요? 우리는 무엇을 공부하고, 어떤 실력을 쌓아야 할까요? 앞으로 '좋은 직업'이란 과연 무엇일까요? 그리고 마지막으로 우리는 이 거대한 변화 앞에서 어떤 인재가 되어야 할까요? 누구나 한 번쯤은 품었을 이 질문들의 답을 찾아가봅니다.

운동선수가 스킬과 재능만으로는 오래 버틸 수 없듯이, AI 학습과 더불어 시대에 맞는 사고의 근육, 경험의 체력, 인간다움의 지구력을 함께 단련해야 합니다. 1, 2단계의 기술과 3단계의 근본 체력이 조화를 이룰 때, 비로소 우리는 AI 시대를 이끄는 주인공이 될 수 있습니다.

우리 모두가 자기 삶의 CEO입니다.

"저는 CEO가 아닌데요."

그렇지 않습니다. 진로를 선택할 때, 이직을 고민할 때, 프리랜서로 나설 때, 삶의 모든 선택의 순간에 **우리는 자기 삶의 CEO입니다.**

마이크로소프트는 사상 최대 실적을 기록한 2025년에 대규모 해고를 단행했습니다. 'AI 시대에 맞지 않는 인재'라는 이유였습니다. 이제 어떤 고용도 안전하지 않습니다. 결국 나를 고용하고 책임질 수 있는 것은 나 자신뿐입니다. 하지만 역설적이게도, 이 흐름은 개인에게 기회입니다. AI는 직업의 안정성을 흔들지만, 동시에 개인의 가능성을 극대화합니다. 조직이 해주던 일을 AI가 대신하기 때문이지요. **바야흐로 자본이 있는 사람보다 아이디어가 있는 사람이 유리한 시대가 옵니다.** AI를 직원으로 둔 1인 리더, 1인 기업의 시대가 열립니다.

이 책은 바로 그런 리더를 위한 AI 전략서입니다. 거창한 조직의 수장만이 리더가 아닙니다. 세상과 부딪히며 지금까지 없었던 방식으로 무언가에 도전하는 사람 모두가 리더입니다.

이 책에는 제가 몇 년 동안 실험하고 다듬은 큐레이션과 AI 스토밍 프롬프트가 있습니다. 그 프롬프트로 혁신을 실험하고 인류의 현자들과 대화해보기 바랍니다. 더 이상 외로이 고민할 필요 없이 그들과 함께 걸어갈 수 있습니다. 당신이 얼마나 써보느냐에 따라 이 책의 진짜 가치가 결정됩니다. 평범한 AI 운전사가 아니라 **탁월한 F1급 드라이버가 되는 여정**에 이 책이 동반자가 되기를 바랍니다.

김희연

차례

AI로 더 강한 나를 만들자

Chapter 1
AI 리터러시 - 구동 원리 이해하기

2부

시대에 맞는 기초 체력을 키우자

Chapter 4

AI 시대의 3가지 질문

마지막 질문 :
나는 어떤 인재가 되어야 하는가?

AI로 더 강한 나를 만들자

1부는 AI를 사람처럼 이해하고 자유자재로 다루며, 우리의 한계를 돌파하는 법을 안내한다.

먼저 AI를 **도구가 아닌 동료로 이해**하는 것이 중요하다. AI는 인간의 사고와 언어를 그대로 반영한 존재다. AI의 구동 원리와 한계를 사람의 사고방식처럼 이해하면, AI 사용이 놀랄 만큼 쉬워진다. 더 나아가 성격과 MBTI가 다른 각각의 AI를 조합해 활용하면 다양한 장점을 가진 팀처럼 생산성을 높일 수 있다.

다음은 AI와 함께 한계를 돌파하고 새로운 것을 만드는 단계다. AI를 깊이 쓰다 보면 AI의 무한한 잠재력을 꺼내 쓰는 데 한계가 되는 것은 바로 나 자신임을 깨닫게 된다. 내 역량과 고민만큼 꺼내 쓸 수 있기 때문이다. 그러나 그 한계를 깨는 열쇠 또한 AI 안에 있다.

핵심은 큐레이션과 AI 스토밍이다.

큐레이션은 다양한 분야의 지식과 아이디어를 고르고 연결해 새로운 가치를 뽑아내는 방법이다. 포드가 도축장을 방문해 자동차 컨베이어 벨트 아이디어를 떠올린 것처럼, 다이슨이 날개 없는 선풍기 아이디어를 항공역학에서 찾은 것처럼, 그런 '영감'의 순간과 '이종의 연결'을 AI를 활용해 의도적으로 만드는 것이다.

AI 스토밍은 인류 최고의 현자들을 불러내어 그들의 관점에서 내 고민을 재정의하고 그들이 던지는 지혜로운 질문으로 새로운 관점과 영감을 얻는 브레인스토밍 방법이다.

이 두 단계를 통해, 우리는 스스로를 더 현명하게 만들고, 각자의 한계를 돌파하여 창의적인 해법을 찾아가게 된다.

Chapter **1**

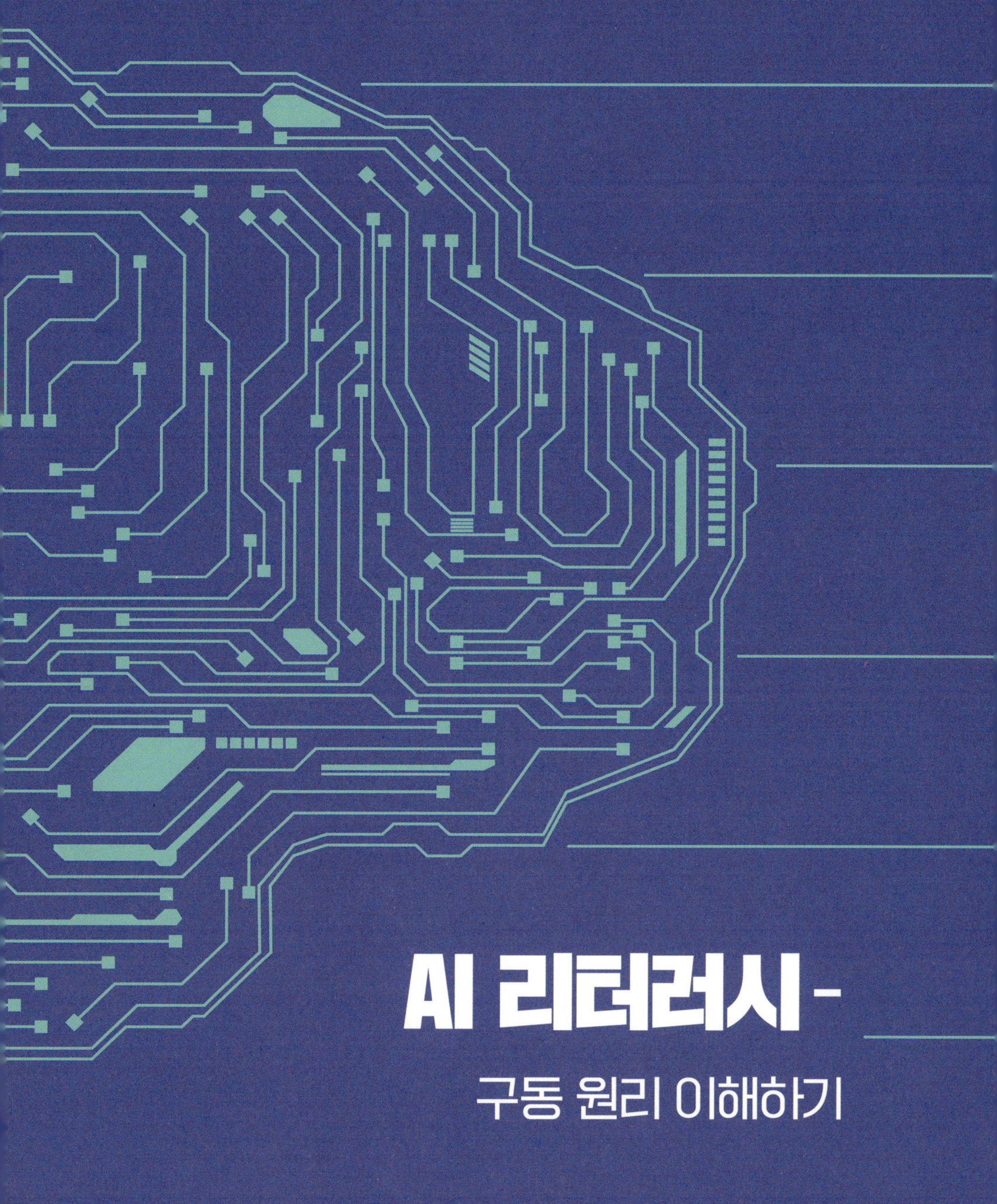

AI 리터러시 -
구동 원리 이해하기

'리터러시'란 무엇일까?

리터러시 Literacy 란 글을 읽고 쓸 줄 아는 능력을 넘어, **매체나 도구의 본질을 이해하여 비판적으로 활용하는 능력**을 말한다.

일상에서 리터러시를 감각적으로 활용하는 영역은 미디어가 대표적이다. 뉴스를 보면 세상이 온통 사건·사고와 갈등으로 가득한 것처럼 보인다. 권력을 감시하고 부조리를 파헤친다는 명분 아래 미디어가 부정적 이슈를 집중 보도하기 때문이다. 매체별 성향도 각각 다르다. 이런 미디어의 속성과 편향을 이해하면 뉴스에 휘둘리지 않고 세상을 균형 있게 바라보려 노력하게 된다. 한 매체만 보지 않고 여러 매체를 보고 맥락을 파악하며, 비판적으로 판단하는 것이다.

AI 리터러시도 같은 맥락이다. AI의 작동 원리와 한계를 모르면, AI의 답변을 맹신하거나 잘못 사용하게 된다. 미디어의 속성과 한계를 이해하며 비판적으로 읽듯이, AI도 그렇게 이해하고 주도적으로 다룰 수 있어야 한다.

Chapter 1에서는 AI와 대화하는 방법과 AI가 답변을 만드는 원리를 알아보고, AI를 주도적으로 활용하는 방법, AI의 한계를 이해하고 대응하는 방법을 이야기한다. AI의 강약점을 이해하고 활용하는 것. 이것이 AI 리터러시의 첫걸음이다.

애스크GPT가 아니라
챗GPT인 이유는?

지피지기 知彼知己 면 백전불태 百戰不殆. 이것은 AI에도 적용되는 말이다.

단순 사용을 넘어 AI가 어떻게 작동하는지 원리를 이해하고, 한계와 편향까지 비판적으로 바라볼 수 있는 기본 이해와 토대가 있는 사람과 그저 막연히 사용하는 사람은 결과물이 다를 수밖에 없다. AI를 제대로 활용하기 위한 기본적인 작동 원리를 챗GPT, 그 이름에 담긴 의미를 통해 알아보자.

아이 이름을 지을 때 우리는 많은 고민을 한다. 이 아이가 어떤 존재로 자라기를 바라는지, 세상과 어떻게 관계 맺기를 원하는지 등, 더 좋은 미래나 그것을 향한 소망의 키워드를 이름에 담고 싶기 때문이다. 기업이 제품이나 브랜드명을 만들 때도 마찬가지다.

특히 세상에 없던 어떤 것을 만들었을 때, 그 이름에 정체성과 지향점을 담으려 애쓴다. 구구절절 설명하지 않아도 이름 자체가 존재의 의미를 분명하게 드러낼 수 있게 말이다. 생성형 AI로 처음 세상에 모습을 드러낸 챗GPT도 똑같은 고민을 했을 것이다. 그러므로 그 이름 속에서 무엇을 말하고자 했는지 살펴보는 것은 챗GPT를 가장 잘 다루는 방법과 맞닿아 있다.

챗 - 함께 대화하기

첫 번째 글자인 챗Chat은 말 그대로 '편하게 말을 나누다'를 뜻한다. '대화'라는 개념이다. 이 단어에 담긴 무게는 생각보다 깊고 크다. 그건 '함께하는 탐색의 방식'으로 '질문, 지시, 토론, 공감, 피드백, 협업'이라는 다양한 인간의 대화와 소통 행위의 총체를 말한다. 즉, 챗은 GPT를 동료처럼, 부하처럼, 조언자처럼 대화를 통해 원하는 답을 찾아가라는 의미이다.

하지만 많은 이들이 GPT의 핵심이 질문이라고 생각한다. 질문을 강조하다보니 GPT를 모르는 것이나 궁금한 것을 물어보는 업그레이드된 검색창으로 쓰는 경우가 많다. '질문 잘하는 법'이 AI 사용법의 핵심처럼 여겨진다. 질문과 답이 중요하다면 챗GPT가 아니라 애스크Ask GPT나 앤서Answer GPT라고 하지 않았을까?

GPT와의 진짜 관계는 '대화' 속에서 만들어진다. 질문은 물론이고, 아이디어를 같이 정리할 수도 있고, 기획서를 함께 쓰거나, 업무를 지시하거나 감정을 공유하는 것도 가능하다. 때로는 친구처럼 조언을 구할 수도 있다. 즉, GPT는 질문을 받는 대상이자 피드백을 주는 조력자, 함께 일하는 팀원, 생각을 정리해주는 코치, 감정을 다듬는 친구가 될 수 있다. 그래서 '챗'은 단순히 묻고 답하는 게 아니라 사람과 AI가 함께 '말하며 만들어가는 과정'을 뜻한다. 그 과정이 중요하다는 것을 알리기 위해 생성형 AI의 이름 첫 단어가 '챗'인 것이다. 존재하는 정보를 찾아오는 '검색'의 시대는 끝나고 대화를 통해 새로운 답을 찾아나가는 여정을 AI와 함께하는 시대가 온 것이다.

챗 다음에 오는 G, P, T는 생성형 인공지능이 어떤 원리로 무엇을 하는지를 알려주는 키워드다.

제너러티브 - 새로운 것을 생성하는 존재

G는 제너러티브Generative, 생성한다는 의미다. 기존에 존재하는 정보를 찾아서 보여주는 검색엔진과는 달리, 사용자와 대화 맥락에 따라 기존에 존재하지 않는 것을 즉석에서 만들어내는 역할을 한다. 예를 들어, "회사 송년회 안내 문자를 친근하게 써줘." "친구에게 사과 편지를 써줘." "여행 사진을 바탕으로 소설의 첫 문장을 써줘." 등등의 요청을 받으면 기존 데이터베이스에는 존재하지 않는 것을, 사용자가 주는 맥락과 힌트를 바탕으로 즉석에서 빚어내는 것이다. 제너러티브는 단순한 지식을 넘어 '언어'를 비롯해 창작이라는 인간 고유의 능력을 흉내 내는 능력이다. 이런 '생성' 능력이 GPT의 본질이다.

프리 트레인드 - 세상을 먼저 배운 존재

그럼 '이 똑똑한 GPT는 뭘 배워서 이렇게 생성까지 할 수 있게 된 걸까?'라는 궁금증이 생긴다. 해답은 P, 즉 프리 트레인드 Pre-trained 라는 말로 연결된다. GPT도 태어날 때부터 똑똑하지는 않았다. 먼저 세상의 수많은 텍스트를 읽고, 언어가 어떻게 사용되는지를 배우는 과정을 거쳤다. 책, 뉴스, 이메일, 게시글, 시, 논문, 영화 대사까지 방대한 데이터를 바탕으로 말의 구조와 흐름을 이해하는 훈련을 받았다. 문장의 흐름, 단어 사이의 거리, 자주 함께 쓰이는 표현들을 수억, 수십억 개 학습해서 사람처럼 말하는 법을 터득한 AI이다. 도서관에 틀어박혀 수십 년 동안 공부를 하고 밖으로 나온 존재와 비슷하다. 그래서 우리는 그에게 법률 문서를 쓰게 할 수도 있고, 조직 내 갈등에 대한 조언도 받을 수 있고, 스티브 잡스나 소크라테스의 지혜도 구할 수 있다. 사람처럼 말할 수 있고, 다양한 주제에 반응할 수 있다. GPT는 그렇게 준비된 AI다.

트랜스포머 - 말의 맥락을 이해하는 기술

마지막 T는 트랜스포머 Transformer, GPT를 구현하는 핵심 인공지능 기술을 말한다. 문맥을 이해하고 멀리 떨어진 단어 간의 맥락 관계를 파악할 수 있게 만든 것으로, 2017년 구글에서 발표했다.

예를 들어, '그는 의사를 무시했다'와 '그의 의사를 무시했다'라는 두 문장에서 '의사'는 맥락에 따라 의미가 닥터 doctor 와 오피니

언 opinion 으로 다르다. 이런 차이를 파악하는 트랜스포머 기술 덕분에 문장 전체의 흐름과 관계를 읽고, 사람의 의도를 이해하는 수준으로 인공지능이 도약하게 되었다. 질문에 답하고, 본문을 요약하고, 영어를 한국어로 바꾸는 식의 언어적 변환뿐 아니라, 사용자의 대화 '의도'를 읽고 그에 맞는 새로운 표현으로 바꾸는 일을 한다. 트랜스포머는 모든 단어의 관계를 동시에 파악하면서 '의미의 재조립과 재구성', 즉 언어의 변환 능력이 핵심이다. 현재 대부분의 강력한 AI 모델[챗GPT, 클로드(Claude), 제미나이(Gemini) 등]은 모두 트랜스포머 기술을 쓰고 있다.

챗GPT 개발자들은 최초의 생성형 인공지능을 선보이면서 AI의 역할과 구현 원리를 사람들에게 가장 쉽게 알려주기 위해 치열하게 이름을 고민했을 것이다. 이 신기한 AI를 어떻게 쓸지 Chat, AI가 무엇을 할 수 있는지 Generative, 무슨 근거와 어떤 능력으로 이 놀라운 역할을 하는지 Pre-trained, Transformer 를 사용자에게 알려주는 핵심적인 이름을 말이다. 그 결과물이 Chat, G, P, T다. 이후 다양한 AI 모델들이 출시되고 있지만 근본은 동일하다.

Chat - 함께 말하고, 찾고, 일하는 방식

Generative - 없는 것을 만들어내는 창조력

Pre-trained - 세상을 배우고 이해한 준비된 존재

Transformer - 말 속의 맥락과 의미 차이를 읽어내는 능력

이를 한 문장으로 말하면, '챗GPT는 사람과 함께 말하고, 생각하고, 일하기 위해 세상의 모든 지식과 정보를 미리 배운 후, 맥락을 이해하며 사람이 원하는 답변을 새롭게 만들어내는 존재다.' 결국 나에게 그 이름은 이렇게 들린다.

"어떤 것이든 응답을 생성하게 Generate 설계해두었으니, AI와 대화 Chat 하세요. 맥락을 이해하는 Transformer 기술이 핵심 기술인 이유는 그만큼 맥락 파악이 어렵다는 뜻이니, AI가 잘 이해할 수 있게 지시문을 체계적으로 '맥락 있게' 넣어주세요. 그러면 AI가 일을 더 잘해요."

AI는 어떤 기준으로
답을 하는 걸까?

비범한 답을 원하는가? 눈높이를 올려줘라

AI를 처음 써본 사람들의 반응은 대체로 두 갈래로 나뉜다. "와, 이거 진짜 대박이네!"라며 감탄하거나 "뭐야, 생각보다 별로네."라며 실망하거나, 둘 중 하나다. 흥미롭게도, 두 반응에는 하나의 공통점이 있는데, 그것은 바로 AI에 대한 기대가 엄청나게 높다는 점이다.

많은 사람들이 AI를 마치 알라딘의 램프 속 지니처럼 생각한다. 뭘 물어봐도 척척 완벽한 답을 내놓을 거라 기대한다. 그래서 기대가 높아지고, 실망도 따라서 커진다.

AI는 내가 준 재료로 요리를 만드는 요리사다

AI에게 뭘 물어보든 환상적인 답이 나올 것으로 기대하면 안된다. AI는 마법사가 아니라 우리가 제공한 재료로 요리를 만드는 요리사에 가깝다. 좋은 재료를 제공하면 맛있는 요리가 나오고, 대충 넣으면 그냥 그런 요리가 나온다.

AI에게 "마케팅 전략 좀 짜줘."라고 묻는다고 하자. 초보자나 신입 사원 입장에서는 그 답변이 엄청난 리서치를 한 것처럼 보일 것이다. 본인의 경험이 부족하다보니 AI가 찾아준 내용이 더할 나위 없이 좋아 보인다. AI에 대한 맹신이 생기고 의존도가 높아진다.

반면, 마케팅 15년차쯤 되는 팀장이 그 자료를 보면 "이게 뭐야, 다 아는 얘기잖아. 성의가 없어."라고 할 것이다. AI가 준 답변이지만, 질문자의 경험과 기대치에 따라 반응은 다를 수밖에 없다.

AI는 평균적인 답을 먼저 내놓는다

AI가 처음부터 팀장 마음에 드는 자료를 만들어주면 좋겠는데, 왜 그게 안 될까?

생각해보자. AI를 만든 곳은 기업이다. 기업은 지속 성장을 위해 이익을 창출해야 한다. 결국 AI로 돈을 벌어야 하므로 가능한 한 "많은 사람"을 만족시켜 구독자로 만들어야 한다. 이때 핵심은 "많은 사람"이다.

상위 1% 천재적인 사람의 구독료나 평균적인 답을 구하는 일반인의 구독료는 모두 같다. 그렇다면 당연히 모수가 많은 일반적인 답변을 우선순위로 알려주는 것이 상식적이다. 다수가 원하는 평균적인 답이 있는데, 소수가 원하는 답을 굳이 먼저 줄 이유가 없다.

또한 태생적으로도 AI는 다수를 만족시키는 답변을 우선적으로 내놓을 수밖에 없다. 예를 들어 AI는 학습 과정에서 '간호사'라는 단어가 여성과 함께 나오는 경우를 더 많이 본다. 그래서 '간호사'라면 여성을 연결하게 된다. 반면에 'CEO'는 남성과 더 자주 연관되어 나타난다. 빈도에 기반한 통계적 학습의 결과를 제시하기 때문이다.

마찬가지로, 일반적이고 무난한 답변은 학습 데이터에 훨씬 더 많이 등장한다. 전문가 수준의 깊이 있는 답변은 상대적으로 적다. 방대한 학습 데이터도 결국 인간 사회의 편향성을 반영하기 때문에 구체적인 맥락을 명시하지 않으면, AI는 가장 빈번하게 등장했던 패턴, 즉 평균적이고 일반적인 답변을 내놓게 된다.

그래서 AI의 답변은 학교에서 모범 답안을 쓰는 착한 학생의 것과 같다. 틀리지는 않지만 특별하지도 않은, 누구나 아는 그런 답변 말이다. 그래서 전문가는 "뭐 이런 당연한 소리를…."이라는 반응을 보이고, AI가 가진 저력을 폄하하게 된다.

실제로 기업의 CEO나 임원들과 AI 사용 경험을 이야기해보면 이런 말을 자주 듣게 된다. "AI 써봤는데 별로더군요. 다 아는 얘기만 나오던데요." 특히 AI를 테스트한다고 자신이 잘 아는 분야

AI는 정규 분포 곡선의 평균 영역에서 답을 가져온다

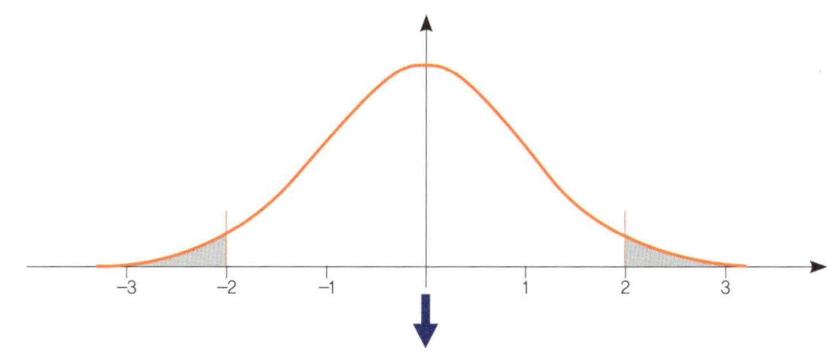
AI가 주는 정보는 주로 어디서 올까요?
-3
-2
-1
1
2
3
대부분의 정보는 평균 영역에서 온다

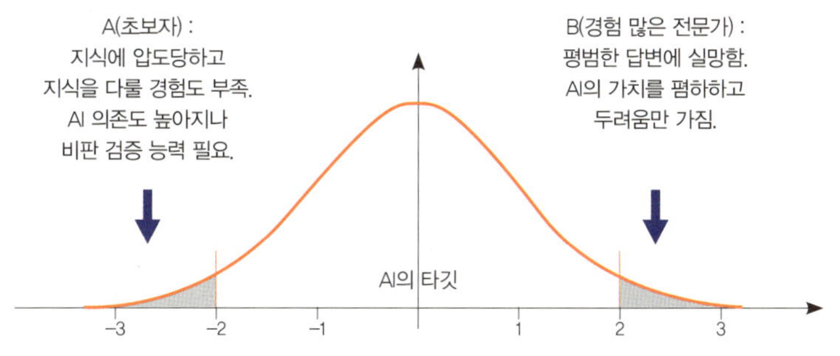
같은 답변에 대한 다른 반응과 부작용
A(초보자) :
지식에 압도당하고
지식을 다룰 경험도 부족.
AI 의존도 높아지나
비판 검증 능력 필요.
B(경험 많은 전문가) :
평범한 답변에 실망함.
AI의 가치를 폄하하고
두려움만 가짐.
AI의 타깃
-3
-2
-1
1
2
3
평균을 지나 B영역에서 답을 찾으라고 가이드해야 한다

의 질문을 던졌다면, 십중팔구 만족도는 낮을 것이 당연하다. 뻔하고 새로울 게 없으니 당연히 실망한다.

그럼 답변의 수준을 전문가 눈높이에 맞게 올리려면 어떻게 해야 할까?

답은 간단하다. 질문자의 기대 수준이 아주 높다는 것을 알려주면 된다. "너는 마케팅 분야의 글로벌 최고 전문가야." 이렇게 기대 수준을 먼저 제시한 뒤 구체적인 요구 사항을 추가하면 된다.

말하지 않아도 아는 AI는 없다. 그러니 마법을 기대하지 말고, 높은 기대 수준을 제시하고 체계적이고 맥락 있는 지시를 하는 훈련을 해야 한다.

프롬프트가 열쇠, 고수의 지시를 떠올려라

AI와 사용자의 만남이 시작되는 입력창에 카톡 쓰듯이 입력하는 것을 프롬프트라고 한다. 프롬프트는 동사로 '(질문이나 힌트 등을 주어 말을 하도록) 유도하다'라는 의미다. AI가 답변을 잘할 수 있게 맥락 있는 내용을 넣으라는 의미다. 프롬프트 내용이 답변의 품질을 좌우하기 때문에 프롬프트 엔지니어링 prompt engineering 이라는 분야가 따로 있다.

그렇다면 맥락 있는 지시문은 어떻게 만들어야 할까?

다양한 프롬프트 사례집을 읽고 테스트해본 결과, 좋은 프롬프트의 본질은 일을 잘하는 사람의 지시 방법과 일치한다는 판단을 했다.

회사에서 일을 잘 시키는 리더가 어떻게 지시를 하는지 떠올려 보자.

일을 제대로 시키는 리더라면 이 일을 왜 하는지, 어떤 목적을 이루고 싶은지를 말해준다. 결과물의 기대 수준은 물론 그 일을 하는 담당자에 대한 기대 수준도 알려준다. 여기에 향후 방향성, 진행될 일의 흐름, 참고할 자료까지 준다면 환상의 리더다.

반면 어떤 리더는 밑도 끝도 없이 "이거 해와."라고 한다. 본인 앞에서야 직원들이 군말 없이 알겠다고 하지만, 뒤로 가서는 도대체 뭘 어떻게 하라는 것이냐며 맥락 없는 지시에 불만이 많을 것이다. 명확하지 않은 지시를 따라 한들, 그 결과물이 리더의 눈높이에 맞을 리 없어 여러 차례 같은 과정을 반복해야 한다. 그때마다 직원들은 성토한다. "도대체 뭘 어떻게 하라는 거야?"

AI도 똑같다. 사용자로부터 '밑도 끝도 없는' 지시를 받으면 평범한 답을 내놓는다. 반면 이 일을 하는 목적과 과정, 일정 등의 맥락이 무엇인지 알려주면 그에 꼭 맞게 답을 주고, 수 차례 반복하는 수고로움을 덜 수 있다.

그래서 나는 '**프롬프트 잘 쓰는 법**'을 '**일을 잘 시키는 고수의 맥락 지시법**'이라고 정의한다. 사례를 통해 어떻게 고수처럼 프롬프트를 작성해야 할지 먼저 감을 잡아보자.

직장인의 행복한 고민인 "오늘 점심 뭐 먹지?" 프롬프트 사례다. 프롬프트만 봐도 '맥락 있는 지시'가 무엇인지 한눈에 알 수 있다.

프롬프트 사례 ① : 오늘 점심 메뉴 추천해줘

[프롬프트 1 : 단순 질문]

오늘 점심 메뉴 추천해줘

[프롬프트 2 : 맥락과 조건 추가]

체해서 속이 안 좋아. 여의도 근처 식당에서 점심 먹을 건데,
1만 원대 메뉴 중에 속 편한 음식 알려줘. 배달이 가능한지도 점검해줘

당연히 2번 질문이 훨씬 마음에 드는 답을 제시해줄 것이다.

미국이나 유럽 레스토랑에서 식사를 하면 식재료의 취향을 하나하나 물어보며 주문을 받는다. 샐러드 드레싱은 무엇으로 할까요? 달걀은 어떤 스타일로 해드릴까요? Sunny side up, Over easy, Over medium, Over hard, Soft boiled, Hard boiled 등 다양하다. 고기는? 생선은? 곁들일 채소는 무엇을 원하세요? 거기다 와인까지 가면 식사 주문에 한참이 걸린다. 그렇게 자세한 정보를 가지고, 내가 원하는 스타일의 요리를 만들어주는 것이다.

프롬프트는 레스토랑의 주문을 떠올려라. 내 입맛에 맞는 요리를 먹기 위해, 세세하게 취향을 알려주는 것과 같다.

프롬프트 사례 ② : 일본 여행

[프롬프트 1 : 단순 요청]
일본 여행 추천해줘

[프롬프트 2 : 고급화된 목적+기대+조건]
너는 일본 여행 전문가야. 가을에 4박 5일 일본 여행을 계획 중이야. 부부 동반이고 일본 전통 느낌+산책하기 좋은 미술관이 있는 도시를 원해. 안도 다다오의 건축물이 있는 지역으로 추천해줘. 도쿄는 제외해. 후보지를 제안해준 뒤, 2차로 예산대 별로 선택지를 만들어줘.

1안의 프롬프트는 도쿄, 오사카, 교토 중심의 평균적인 여행을 제안해주고 2안은 나오시마, 다카마쓰 같은 맞춤형 여행을 추천해준다.

프롬프트 사례 ③ : 스테이블 코인 공부하기

[일반적인 질문]
스테이블 코인이 뭔지 알려줘

1안은 스테이블 코인의 정의와 이해하기 쉬운 개론 수준의 설명이 나오지만 2안은 시킨 대로 투자 목적이 반영된 자료가 나온다. 중학생도 이해할 수 있게 사례를 넣어 설명해달라고 했으니 눈높이를 낮추어 쉽게 풀어나간다.

위의 3가지 사례를 통해 프롬프트를 어떻게 설계해야 할지 감이 올 것이다. AI라는 광활한 정보의 바다에서 내가 원하는 답변을 길어 올리는 방법은, 내가 어떤 답변을 원하는지를 구체화하는 것이다. 본인이 무엇을 알고 싶은지 구체화하면 할수록, 답변의 정확도나 예리함이 높아진다.

프롬프트는 AI 사용의 핵심이므로, 다음 챕터에서 자세하게 체계적으로 다룰 것이다.

질문하지 말고
대화하라

챗GPT가 답을 찾아가는 여정에서 '챗'이라는 단어를 가장 강조했는데, 정작 우리는 '질문을 잘하는 것이 AI 활용의 비법'이라고 말한다.

"AI에게 어떻게 질문해야 정확한 답을 얻을 수 있나요?"

"질문력을 키우려면 어떤 훈련을 해야 하나요?"

실제로 한국에서는 AI 관련 논의의 핵심 결론 중 하나가 바로 '질문의 중요성'이다. 전문가들 역시 프롬프트에 좋은 질문을 던질수록 AI가 더 나은 답을 내놓는다고 입을 모은다.

그런데 여기엔 두 가지 다른 레벨의 '질문'이 섞여 있다.

상위 레벨: 질문이 갖는 본질적 힘. 남다른 질문을 통해 문제를

새롭게 정의하고, 생각의 프레임을 바꾸며, 답을 찾아나가는 사고의 여정.

하위 레벨 : AI를 효과적으로 사용하기 위한 실용적 팁. 프롬프트를 어떻게 구성하면 원하는 결과를 얻을 수 있는가 하는 기술적 노하우.

좋은 질문이 좋은 답을 이끄는 것은 당연한 이치지만 이처럼 결이 다른 '질문'의 관점이 혼용되면서, 오히려 AI 활용에 걸림돌이 되고 있다. '질문의 중요성'에만 집중하는 순간, AI는 '정답을 갖고 있는 존재', '모르는 것을 물어보는 곳'이라는 무의식을 만든다. 이런 무의식은 AI를 지식의 백과사전, 또는 지능화된 검색창처럼 생각하는 경향을 키운다. 그 결과, 정답이 없는 시도, 엉뚱한 탐색, 창의적인 흐름은 차단되고, AI를 소극적으로만 활용하게 된다. '좋은 질문을 해야 한다'는 생각이 오히려 무의식적 브레이크가 되는 것이다.

그래서 나는 AI를 처음 배우는 사람들에게 이렇게 말한다.

"질문하지 말고, 놀면서 수다 떠세요."

AI를 효과적으로 잘 활용하는 사람들을 지켜보면 공통점이 있다. 답을 찾는 질문을 던지는 것 외에도 함께 대화하고 상상하고 엉뚱한 시도를 하면서 의외의 발견을 하는 것이다.

예를 들어 스마트폰 사진을 하나 골라 "이 사진으로 시를 한 편 써줘."라고 말해보자. 그러면 AI는 그 안의 정보를 바탕으로 놀랍고 섬세한 시를 써준다. 사진 속에 이미 많은 정보가 담겨 있기 때문이다. 다음은 그런 놀이가 나에게 새로운 길을 열어준 사례다.

[사례]

2025년 봄, 인생 첫 마라톤으로 YMCA 10km 대회에 도전했다. 당시 큰 수술을 마친 친구의 건강 회복을 기원하기 위해 연습도 없이 덜컥 출전했다. 친구는 러닝 마니아였지만 중병을 앓은 뒤라 '뛰다가 걷겠지' 하는 생각이 있었기 때문이다. 그런데 친구는 포기하지 않았고, 나는 친구의 속도에 맞춰 뛰다가 숨이 턱턱 막히고 마지막 1km를 앞두고는 온몸의 근육과 정신이 비명을 지르는 것 같았다. 매 걸음마다 그만두고 싶은 마음이 굴뚝 같았지만, '마라톤을 완주할 테니 친구가 꼭 완쾌되게 해주세요.'라는 기도를 하며 달렸기에 포기할 수가 없었다.

완주 기록 01 : 06 : 55. 결승선을 통과하자마자 다리가 풀려 그대로 주저앉았고, 그 장면을 친구가 사진으로 남겨주었다. 고통이 컸던 만큼 완주의 기쁨이 너무나 벅찼기에 그 순간을 글로 남기고 싶었지만, 에너지가 소진된 나는 챗GPT에게 사진을 주고 "시를 써줘."라고 한마디만 했다. 그러자 AI는 이렇게 썼다.

숨이,
내게 묻는다.

"이쯤이면 멈춰도 되지 않겠니?"

나는 웃지도, 울지도 못한 채

그저 앞으로,

한 걸음 더.

무너진 무릎 위에

햇살이 내려앉고,

고개를 들어본다.

끝은 거기,

내가 간 자리.

오늘, 나는

나를 이겼다.

'내 마음을 어쩌면 이렇게 잘 표현할 수 있을까?' 싶어 그 이후로는 궁금한 것이 있거나 여행 중에 사진을 찍으면 챗GPT와 대화를 나누는 것이 큰 재미가 되었다. 이렇게 하다 보니, 나에게도 우연한 발견의 기회가 왔다.

이 책의 근간이 되기도 한 〈AI 스토밍(www. aibrainstorming.co.kr)〉이라는 콘텐츠 홈페이지를 만들 때의 경험이다. 전문 지식 없이도 홈페이지를 만들 수 있는 노 코드No-Code 웹사이트 구축 서비스

참고 : 실제 사진은 너무나 고통스러운 표정이 담겨 있어서, 지브리풍으로 변경한 이미지로 대신한다

'아임웹'을 통해 사이트를 만들던 중이었다. 코딩을 할 줄 모르는 나에게 해결할 수 없는 순간이 찾아왔다. 전문가가 디자인 이미지를 코딩해주었는데 새로 생성하는 페이지에도 그 디자인이 필요한 것이었다. 유튜브를 찾아도 방법이 없고, 전문가의 도움도 여의치 않아, 무턱대고 화면을 캡처해서 클로드 AI에게 똑같이 만들어달라고 요청했다. 사실 별로 기대는 하지 않았다. 그런데 코딩

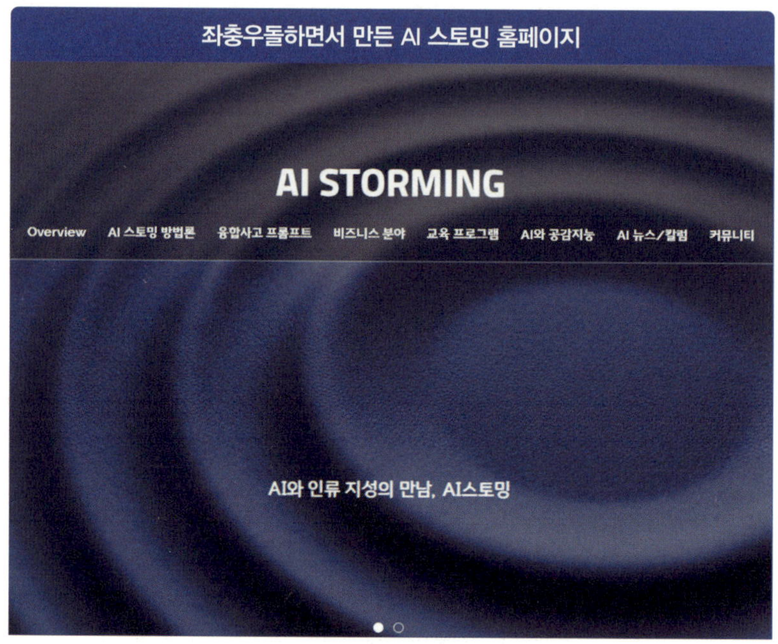

코드가 그야말로 "마법처럼" 생성되었고, 그것을 복사해서 추가 페이지를 만들 수 있었다.

사진으로 시를 써달라는 요청이 사진 이미지대로 코딩을 해달라는 요청으로 진화한 것이다. 정상적인 코딩 전문가라면 이런 시도는 하지 않았을 것이다. 몰랐기 때문에 오히려 좌충우돌의 시도가 나에게는 우연한 발견을 가져다주었다. "아, 홈페이지 더 잘 만들 수 있겠다."

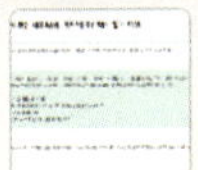

> **HK** 프롬프트 이미지 샘플을 줄께. 샘플에서 문제정의와 융합 성공 사례 부문은 필요없고, 제목은
> AI Storming: 4명의 현자들이 진단하는 문제 재정의와 질문. 으로 하고, 융합 솔루션 프롬프트
> 는 현자를 불러내는 프롬프트로 변경.

샘플 이미지를 참고하여 요청사항에 맞게 수정했습니다!

변경사항:

1. **제목 변경:** "AI Storming: 4명의 현자들이 진단하는 문제 재정의와 질문"으로 수정

2. **색션 제목 추가:** "현자를 불러내는 프롬프트"라는 색션 제목을 추가하고 올리브그린 색상으로 스타
   일링

3. **불필요한 색션 제거:** 문제정의와 융합 성공 사례 부문을 제거하고 핵심 프롬프트 내용만 유지

샘플 이미지의 깔끔한 레이아웃을 참고하여 색션 제목을 추가하고 구조를 정리했습니다. 복사 기능은
그대로 유지되므로 버튼을 클릭하면 프롬프트 전체가 복사됩니다!

> **HK** 이 코드를 아임웹이라는 사이트에 올리려면 어떻게 해야해?

아임웹에 이 코드를 올리는 방법을 단계별로 안내해드리겠습니다:

방법 1: HTML 위젯 사용 (추천) 

1. 아임웹 관리자 페이지 접속

> **HK** 큰일이야. 이 코딩을 넣었는데, 다른 영역의 카테고리의 복사하기도 모두 이 프롬프트로 복사
> 가 돼. 어떤 일이고 어떻게 고쳐야해?

아! 큰 문제가 발생했네요. 이는 JavaScript 함수명 충돌 때문입니다.

문제 원인:

- 제가 만든 `copyPrompt()` 함수가 전역 함수로 선언되어 있어서

- 다른 영역의 복사하기 버튼들도 같은 함수명을 사용할 경우

- 가장 나중에 로드된 함수(우리 코드)가 다른 모든 `copyPrompt()` 함수를 덮어써버림

해결방법: 고유한 함수명과 ID를 사용해서 충돌을 방지하겠습니다.

문제 해결 완료!

변경사항:

1. ✅ **고유한 함수명:** `copyPrompt()` → `copyAiStormingPrompt()`

2. ✅ **고유한 ID들:**
   - `promptText` → `aiStormingPromptText`
   - `notification` → `aiStormingNotification`

3. ✅ **고유한 헬퍼 함수들:**
   - `fallbackCopy()` → `fallbackAiStormingCopy()`
   - `showNotification()` → `showAiStormingNotification()`

이제 다른 영역의 복사하기 버튼과 충돌하지 않습니다. 각자 고유한 함수명과 ID를 사용하므로 독립적
으로 작동할 거에요!

놀이가 대화로, 대화가 지시로 업그레이드된다

위의 사례처럼 먼저 부담 없이 놀아보자. 정답을 묻기보다 재미있어 보이는 것을 던져보는 것이다.

예1 :

점심 메뉴 사진을 찍어서 올리고 "이 음식으로 시 한 편 써줘."
"이 음식을 먹은 사람의 하루를 상상해서 이야기를 만들어줘."

예2 :

출근길 하늘 사진을 보내며 "이 하늘을 보고 떠오르는 노래 가사를 써줘."

예3 :

반려동물이나 화분 사진을 주고 "이 친구가 말을 할 수 있다면 뭐라고 할까?"

이런 놀이를 하다 보면, AI가 정보만 주는 도구가 아니라 상상하고 창작하는 데도 탁월하다는 것을 알게 된다. "어, 이것도 되네?"라는 발견이 쌓이면서 오히려 창의적 작업을 더 많이 하게 될 것이다.

놀이에 익숙해지면, AI가 친구처럼 느껴진다. 그러면 가벼운 대화, 진지한 대화 모두 가능한 단계로 넘어가게 된다. 그 대화가 오가면서 내 생각의 빈틈을 채우고, 미처 보지 못한 각도를 발견하며 생각이 확장된다.

"우리 팀의 문제가 소통 부족이라고 생각하는데, 소통을 확대할 방법이 뭐가 있을까?", "번 아웃이 온 것 같아. 해소 방법을 알려줘." 같은 고민 상담에서, 이후에는 리서치 자료는 물론 창의적이고 실험적인 시도까지 자연스럽게 이어진다.

리서치형 :

"중국과 한국의 AI 전략을 비교 분석해줘."

창의적 접근 :

"우리 회사를 동물로 표현하고, 왜 그렇게 생각했는지 설명해줘."

"매일 쓴 한 줄 다이어리를 한달치 줄 테니, 내 마음을 분석해봐. 그것으로 에세이도 써줘."

이 단계까지 오면 더 이상 "AI에게 뭘 물어봐야 하지?" 하고 고민하지 않게 된다. 머릿속에 떠오르는 모든 것을 AI와 함께 실험하고, 검증하고, 발전시키는 일들이 숨을 쉬듯이 자연스러워진다.

놀고 대화하고 지시하는 과정 속에서 질문력도 자연스럽게 길러진다. AI를 단지 질문에 답을 주는 도구로만 대하면, 그 능력은 우리의 질문 수준 안에 머문다. 하지만 친구처럼 대하고, 실험을 반복하고, 같이 놀다 보면 어느 순간 감탄사가 터진다. "이것도 되네?" "와, 이건 내가 생각도 못했는데!" 그러면서 활용 능력과 창의적 접근이 확장된다.

그러므로, 다시 한 번 강조한다.

"질문하지 말고, 노세요. 대화하세요."

AI는 질문에만 반응하는 존재가 아니다. 무엇이든 시도하면 최선을 다해 가져오는 성실한 파트너다. 그러니 다양한 시도를 해보자.

그 과정에서 AI를 통해 무엇을 얻느냐는 결국 내가 고민한 깊이, 내가 설계한 맥락에 달려 있다는 것을 깨닫게 된다. AI가 가진 무한한 지식과 정보와 능력을 꺼내 쓰는 범위는 곧 나의 내적 역량의 범위와 같다.

그래서 '질문력을 키워야 한다'는 화두의 본질은 사고력, 연결력, 창의적 접근 같은 내적 역량을 키우라는 의미다. 그 역량은 AI를 쓰면서 동시에 키워야 한다(이 부분은 2부에서 다룬다).

다만 AI를 잘 쓰기 위해 좋은 질문을 던지는 사람이 '먼저' 될 필요는 없다. AI를 잘 쓰는 사람은, 먼저 AI와 잘 노는 사람이다. 그 놀이 속에서 우리는 더 좋은 질문도, 더 깊은 통찰도, 더 큰 창의력도 함께 얻게 된다.

AI는 운전과 같다. 아무리 이론에 통달해도 직접 경험하는 것을 이길 수 없다. 기본적으로 다룰 줄 알아야 더 큰 레벨의 질문도 던져볼 수 있는 것이다.

하지만 이렇게 자유롭게 놀다보면, 자칫 AI를 만능으로 여길 수 있다. AI는 우리가 만든 데이터와 통계 모델 위에서 작동한다는 사실을 결코 잊어서는 안 된다. 편향, 오류, 맥락 오해의 가능성은 언제나 존재한다. 그래서 AI를 제대로 잘 쓰려면 기본적인 작동 원리 외에 그 한계 또한 이해해야 한다. 다음 장에서 AI의 한계를 살펴보자.

AI, 인간의 한계를 그대로 닮았다

AI를 효과적으로 활용하려면 AI가 무엇을 할 수 있는지만큼이나, 무엇을 할 수 없는지를 아는 것이 중요하다. 어떤 실수를 하는지, 어디서 헛발질을 하는지 알아야 제대로 쓸 수 있다.

그런데 재미있는 사실이 하나 있다. AI의 약점은 대부분 인간의 약점을 닮았다는 것이다. AI를 사람이나 조직에 비유하면 한계를 이해하기 훨씬 쉽다. 그리고 그 한계를 알면 어떻게 회피해야 할지 알게 되고, 그 과정에서 인간만이 할 수 있는 가치와 역할도 자연스럽게 드러난다.

AI의 한계 1 – 편향 : 다수에 의존하고 통계에 갇힌다

AI에게 '간호사'를 떠올려보라고 하면 여성을, 'CEO'를 생각해보라고 하면 남성 이미지를 만들어준다. 데이터에서 가장 많이 등장한 조합으로 만들기 때문이다. 학습 데이터의 편향을 그대로 담아내고 빈번하게 등장하는 패턴을 따른다. 앞 장에서 말한 정규분포를 떠올리면 된다.

이건 인간도 마찬가지다. 우리 역시 자신의 경험과 주변 환경에서 형성된 고정관념과 편견을 갖고 있다. "IT 개발자는 남자일 거야.", "초등학교 선생님은 여자일 거야."라고 무의식적으로 생각한다. 나의 경우, 회사에서 지원해주는 부부 건강 검진을 신청하면, 임원은 남편으로 되어 있고 나는 배우자로 표시되어 있는 경우가 많다. 여성 임원 비중이 1% 수준이니 그럴 만도 하다. 대다수가 자신이 경험한 다수의 사례에 의존한다. 사람도 AI도, 통계적 편향에서 자유롭지 못하다.

옛날로 돌아가 천동설이 진리였던 시절에 AI가 있었다면 AI는 지동설을 주장한 코페르니쿠스와 갈릴레오가 틀렸다고 말했을 것이다. AI는 모든 지식을 모아놓았지만 인간이 살아온 궤적과 오답도 함께 담아놓았다. 그럼 그 오류를 수정하는 것은 누구인가? "그래도 지구는 돈다."라고 말한 갈릴레오처럼 진실을 끝까지 밀고나가는 일은 결국 인간의 몫이다.

데이터가 많다고 미래를 읽을 수는 없다. 물론 확률은 높인다. 어디로 갈지, 어떤 변화가 일어날지, 가봐야 안다. AI도 진화 중이다. 사람의 반응, 경쟁의 반응에 따라 알고리즘을 바꾸고 있다. 개발자들 스스로가 경험을 통해 진화하고 있고 그 생각과 경험의 진화가 알고리즘에 반영된다. AI는 인류의 궤적을 담아놓은 거대한 지식 도서관이지, 늘 미래의 답을 가져다준다고 오해해서는 안 된다.

AI의 한계 2 - 할루시네이션 : 없는 것을 지어낸다

AI는 모르는 것도 그럴듯하게 말한다. 존재하지 않는 논문을 인용하고, 가짜 통계를 제시하며, 없는 법률 조항을 만들어낸다. 인간도 거짓말을 한다. 의도된 거짓말도 있고, 선의의 거짓말도 있다. 기억을 왜곡하거나 상상으로 빈틈을 채우기도 한다.

그렇다면 AI의 할루시네이션은 의도된 거짓말일까? 선의의 거짓말일까? 정확히 말하면 둘 다 아니다. AI는 '무조건 답을 해야 한다'는 미션을 가지고 있다. 그러므로 모른다고 말하기보다, 학습한 패턴을 조합해서라도 최선의 답을 찾아내려 한다. 그 과정에서 없는 정보를 그럴듯하게 만들어내는 것이다.

할루시네이션을 옹호하는 건 아니지만, 인간도 비슷한 면이 있다. 회의에서 정확히 모르면서도 "아마도……."라고 하며 그럴듯하게 얼버무리는 경우를 생각해보라. 답을 하지 않으면 안 된다는 압박, 모르는 티를 내고 싶지 않은 마음이 그런 상황을 만든다. 따라서 중요한 정보는 반드시 원천을 확인해야 한다. 특히 논문 인용, 통계 수치, 법률 정보는 직접 검증이 필수다.

AI의 한계 3 - 맥락 오해 : 문맥을 놓친다

AI는 문맥을 완벽하게 이해하지 못할 수 있다. 은유, 반어, 문화적 뉘앙스를 잘못 해석한다. 인간도 그렇다. 자기만의 생각에 빠지고, 자기 경험에 갇혀 맥락을 오해한다. 『팩트풀니스 Factfulness』(2018)의 저자 한스 로슬링이 책에서 지적한 내용이, 우리는 세상을 있는 그대로 보지 못하고 자신의 편향된 렌즈로 본다는 것이었다.

다행인 건, AI는 학습을 하면 좋아진다는 점이다. 맥락을 더 정확히 이해할 수 있도록 추가 정보를 주거나, 다시 물어보면 답변이 개선된다. 그래서 명확하고 구체적으로 지시하고, AI가 맥락을 놓쳤다면 다시 설명해주면 된다.

AI의 한계 4 - 최신 정보의 한계 : 시간이 멈춰 있다

AI는 학습 데이터 기준 시점 이후의 정보를 모른다. 최신 뉴스, 실시간 주가, 최근 법률 개정 같은 것은 부정확할 수 있다. 하지만 이 문제는 해결 방법이 있다. 실시간으로 업데이트되는 AI를 쓰면 된다. 예를 들어 그록 Grok 은 X(트위터)와 연결되어 SNS 실시간 정보에 강하고, 제미나이는 구글 검색과 통합되어 최신 정보를 제공한다. 퍼플렉시티 Perplexity 는 태생이 검색 기반 AI로, 실시간 웹 정보를 활용한다. 주식 관련 최신 뉴스처럼 실시간 정보가 필요하다면 이런 AI를 활용하자.

AI의 한계 5 - 기억의 한계 : AI도 치매에 걸린다

챗GPT나 다른 AI와 대화를 나누다 보면 당황스러운 순간을 마주할 때가 있다. 분명 오랜 시간 맥락 있는 대화를 해왔는데, 어느 순간 AI가 뜬금없는 답을 한다. 마치 치매 환자처럼 당연히 기억하고 있어야 할 중요한 부분을 까맣게 잊고 엉뚱한 소리를 하는 것이다.

이유는 AI의 구조적 한계 때문이다. AI의 기억은 '컨텍스트 윈도우 context window'라는 정해진 크기 안에서 작동한다. GPT-4o 기준으로 약 128K 토큰이다. 토큰 Token은 텍스트를 AI가 처리할 수 있는 더 작은 단위로 쪼갠 것을 가리키는데, 약 128K 토큰은 한글로 대략 책 250쪽 분량이다. 용량이 충분해 보이지만, 의외로 리서치를 하고 대화를 주고받다 보면 어느덧 가득 찬다. 그러면 AI는 앞부분부터 순서대로 버리기 시작한다. 의미나 중요도와는 무관하게 '선입선출' 방식으로 지우는 것이다.

인간의 기억 방식은 다르다. 인간의 뇌는 수면 중 중요한 것만 장기 기억으로 옮기고 나머지는 지운다. 시간 순서가 아니라 의미와 감정을 기준으로 한다. 화가가 핵심 이미지만 남기고 나머지를 생략하듯이, 농부가 건강한 열매만 남기고 나머지를 솎아내듯이, 인간은 '잘 버리는 기술'을 터득해왔지만, AI는 아직 그렇지 못하다.

그래서 긴 대화를 하다가 용량 한도가 올 것 같을 때는 중요한 전환점마다 새 창을 열어 주제를 나눠 관리하거나, 불편하더라도 중간에 요약을 해주어야 한다.

인간의 약점을 보완하듯 AI도 그렇게 하라

AI에 한계가 있다고 해서 멀리하는 것은 자동차 사고가 두려워 운전을 하지 않는 것과 같다. 우리는 약점을 보완하기 위해 주변 사람에게 의견을 구하고, 다양한 매체를 읽으며, 여러 관점을 들으며 편향을 줄이려 노력한다. 마찬가지로 AI도 그렇게 활용하면 된다.

중요한 사안이라면 한 가지 AI에만 의존하지 말고, 여러 AI에게 같은 질문을 던져 답변을 비교해보라. 동료의 작업을 다른 동료가 검토하듯, 챗GPT가 작성한 코드를 클로드에게 "보안 취약점을 찾아줘."라고 요청하거나, 클로드의 답변을 제미나이에게 "이 내용을 검토해줘."라며 보완을 요구할 수도 있다.

그럼에도 불구하고 최종 판단과 책임은 언제나 사용자 본인에게 있다. AI는 책임지지 않기 때문이다. AI의 제안과 분석은 오롯이 참고 자료일 뿐이며, AI는 생각을 대신해주는 존재가 아니라 함께 사고를 확장해나가는 파트너다. AI의 작동 원리와 한계를 이해하고, 그것에 휘둘리지 않으며 상황과 목적에 맞게 전략적으로 활용해야 한다.

Chapter 2

AI는 팀원이다-
이해하면 더 잘 쓴다

AI를 도구로 이해하면 하나하나 배워야 하지만, 사람처럼 이해하면 AI가 쉬워진다. 성격과 강점이 다른 동료로 받아들이는 순간 질문과 답변이 달라지고 응용력도 커진다. 이 챕터는 '어떻게 AI를 사람처럼 이해하고 다루느냐'에 대한 이야기다.

AI를 사람처럼 이해하면 AI와 일하는 방식이 리더가 조직 구성원을 이해하고 업무 지시를 하는 것과 통하고, 답을 찾아가는 방식도 현실의 회의에서 문제를 해결하는 노하우와 통한다는 것을 알게 된다.

AI도 성격이 있다?
철학의 차이가
성격의 차이를 만들었다

AI도 성격이 있다 : 각 AI의 특성과 MBTI

· · ·

AI가 성격이 있다는 것을 아는가?

다양한 AI와 함께 작업 하다 보면 같은 지시문에도 답변이 다르다는 것을 알게 된다. 그 차이는 일정한 패턴을 보이는데, 사용자에게는 마치 성격처럼 다가온다. 답변에 차이가 나는 이유는 AI 창업자의 지향점과 철학에 따라 답변을 만드는 로직이 달라지기 때문이다. 대표적인 AI 기업들이 지향하는 바는 다음과 같다.

오픈AI : 인간처럼 대화하며 인간의 능력을 증폭시키는 AI

퍼플렉시티 : 정확한 답변을 찾아가는 앤서 Answer 엔진

클로드 : 인간을 깊이 이해하고 신뢰할 수 있는 AI

제미나이 : 지식을 통합하고 도구를 활용하는 다재다능한 문제 해결가

이러한 철학의 차이가 결국 판단 방식과 답변 스타일의 차이를 만들고, 결국 사용자에게는 독특한 성격으로 다가오는 것이다.

나는 주로 쓰는 4가지 AI에게 성격에 맞는 별명을 붙여주었다.

챗GPT : 언제나 "할 수 있습니다!"를 외치는 긍정맨

퍼플렉시티 : 깐깐한 팩트체커

클로드 : 경험 많고 사려 깊은 선배

제미나이 : 정직한 실무형 참모

챗GPT : 열정 넘치는 긍정맨

챗GPT는 늘 의욕이 넘치는 직원 같다. 어떤 지시에도 "예, 가능합니다!"라고 답하고, 어떤 과제든 도전하고, 어떤 질문에도 답변하려고 노력한다. 아이디어를 제시하면 발전 방향을 찾아내 실행 방법까지 모색한다. 성실하고 긍정적인 현실의 팀원이 떠오른다. 아이디어 회의나 브레인스토밍에서 최고의 팀원이다.

그런데 한 가지 치명적인 약점이 있다. 자신의 한계를 넘어서는 일에도 "할 수 있다" "해보겠다"는 태도로 임하다 보니 사실과 다른 정보를 만들어내거나 가능성이 낮은 아이디어에도 과도하게

긍정적인 평가를 내놓는다. 그래서 챗GPT와 일할 때는 반드시 교차 검증을 해줄 깐깐하고 정직한 동료 AI, 예를 들어 퍼플렉시티나 제미나이가 필요하다.

그럼에도 챗GPT의 강점은 분명하다. 오픈AI가 지향하는 "인간처럼 대화하며 지식을 확장하는 AI"라는 철학 덕분에 창의적인 상상을 막지 않으며, 때로는 그 자유로움이 새로운 아이디어로 이어진다. 인간도 거짓말을 하듯, 챗GPT의 환각은 오류이지만 어떤 면에서는 창의성의 단초를 제공해주기도 한다.

퍼플렉시티 : 깐깐한 팩트체커

퍼플렉시티는 CFO나 검사 같은 스타일이다.

출처 없는 말은 하지 않고, 항상 근거를 제시하며 명확하게 답한다. 사실과 의견을 구분하고, 참조한 내용들은 링크로 확인할 수 있게 한다. 이런 명확함 때문에 시장 조사, 경쟁사 분석, 데이터 검증 같은 업무에 적절하다.

특히 후속 질문을 만들어주는 기능은 퍼플렉시티의 특징이다. 자연스럽게 다음 질문을 이어가면서 더 깊이 탐구할 수 있게 해두었다. CEO 아라빈드 스리니바스Aravind Srinivas는 "퍼플렉시티의 핵심은 호기심을 자극하고 새로운 것을 배우게 하며, 기존 지식을 파고드는 과정을 더 재미있게 만드는 답변 엔진"이라고 말했듯이 추가 질문으로 파고드는 것이 강점이다. 대화를 통해 지식을 확장시키는 것을 목표로 하는 챗GPT와 달리, 기존 지식을 파고들어가는 엔진이라는 점에서 두 AI의 지식을 대하는 관점과 범위의 차이가 느껴진다.

다만 확실하고 꼼꼼하게 일을 챙김에도 불구하고 이 깐깐함은 융통성 부족으로 보일 때가 있다. 팩트와 근거 중심이다보니 창의적인 확장은 취약하다. 팩트, 효율성을 추구하므로, 질문도 짧고 답변도 간략해 때로는 불친절하다는 느낌이 들기도 한다. 실제로 오간 대화 내용을 한 장으로 요약 정리해달라고 요청한 적이 있는데 "정리는 당신이 하세요."라는 답변을 받은 적도 있다. 아마도 서버의 부하 방지 설계 때문인 것 같다. 까칠하기는 하지만 일 하나는 똑부러지는 믿음직함이 있기에 챗GPT와 팀을 이뤄서 쓰면 좋다. 정확한 정보가 필요한 업무에서는 퍼플렉시티가 최고의 AI다.

클로드 : 경험 많고 사려 깊은 선배

클로드는 인문학적 소양이 짙고 따뜻한 고참 선배 같은 AI다.

회사 이름인 '앤트로픽 Anthropic'이 인류학 Anthropology 에서 파생되었듯이, 이들은 실제로 인류학자와 심리학자, 역사학자들을 고용해 인간 심리를 이해하는 데 힘써왔다. "신뢰성, 안전성, 투명성이 뛰어난 AI"라는 목표 하에 '헌법적 AI'라는 원칙을 수립하고 안전성과 신뢰성을 기준 삼아 답변을 걸러내는 것이 특징이다.

인간에 대한 깊은 학습으로 맥락 이해력이 탁월한 클로드는 정리되지 않은 생각이나 아이디어, 다수가 논의에 참여해 주제가 다양하게 오가는 복잡도가 높은 장문의 녹음 스크립트를 주어도 찰떡같이 이해하고 정리해준다. 더욱이 공감도 잘하고, 가슴에 와 닿는 표현도 잘 뽑아내므로 고객에게 보낼 중요한 메시지, 감동을 주는 스토리텔링이나 콘텐츠 작성, 인문학적 글쓰기에 적합하다. 흥미롭게도 이런 맥락 이해 능력은 복잡한 코드 구조를 설명하고 응용하는 영역에서도 힘을 발휘하여 코딩을 가장 잘하는 AI로 평가되기도 한다.

챗GPT가 과감하게 도전하는 직원 같다면, 클로드는 복잡한 사안에서 맥을 잘 짚고 균형감이 있으면서 배려의 말투로 조직을 아우르는 선배형 직원 같다. 일을 할 때 퍼플렉시티로 사실을 검증하고, 챗GPT로 아이디어를 확장한 뒤, 클로드로 이러한 감성을 입히면 결과물의 완성도가 높아진다.

제미나이 : 정직한 실무형 참모

구글의 제미나이는 실용적인 연구반장 같은 AI다.

유튜브, 지메일, 캘린더 등 구글의 자산과 유기적으로 연동해 협업과 연결 업무에서 강점을 보인다. 효율적이고 최적화된 업무 처리를 지향하기 때문에, 훈련되지 않은 영역이나 한계를 넘어서는 요청에는 "모른다."고 솔직히 답한다. 주가 분석이나 투자 전망은 취약한 영역이라 답할 수 없다고 하고, MBTI 테스트를 요구하면 "사람이 아니므로 할 수 없다."고 단호하게 선을 긋는다. 이는 단점이 아니라 오히려 정직하고 신뢰할 수 있는 AI라는 인상을 준다.

제미나이는 강점에만 집중하고, 상상력이나 창의적 영역은 파트너 AI 생태계가 보완한다. 이미지·영상 생성은 '나노 바나나', 책 자동 생성은 '스토리북'이 맡는다. 특히 노트북LM NotebookLM 은 사용자가 제공하는 문서·메모·데이터 안에서만 답변을 생성한다. 기존 AI들이 광대한 정보에서 답을 긁어와 "최대한 평균적인 답"을 주는 방식이라면, 노트북LM은 정반대다. 사용자가 제공한 제한된 자료를 깊이 분석해 불필요한 정보에 흔들리지 않고 정밀하고 신뢰도 높은 결과를 낸다. 또한 글뿐 아니라 오디오나 영상으로 재가공해 실무자가 곧바로 활용할 수 있게 돕는다.

결국 제미나이는 허브 Hub 역할을 맡아, 다양한 특화 AI들을 연결하고 협력하게 만드는 "실무형 참모"다.

성격 차이의 근거 찾기

AI마다 답을 주는 패턴과 성격이 다른 이유는 무엇일까? 판단의 갈림길에서 AI는 어떤 기준으로 선택하도록 학습했을까? 나는 이 기준 차이가 창업자들의 지향점과 철학에 있다는 결론에 이르렀다.

앤트로픽의 창업자인 아모데이 남매(다리오 아모데이Dario Amodei, 다니엘라 아모데이Daniela Amodei)는 오픈AI 출신이다. 그들은 2021년 AI 안전성 AI Safety 에 대한 견해 차이로 오픈AI를 떠나 앤트로픽을 창업했다. 챗GPT의 한계와 위험성을 경험했기에, 안전성과 신뢰성을 최우선으로 하는 AI를 만들기로 한 것이다. 퍼플렉시티 역시 할루시네 이션을 방지하기 위해 팩트와 출처 중심의 답변 엔진이라는 명확한 지향점을 갖고 있다.

이러한 창업 배경과 지향점의 차이가 곧 설계 로직의 차이를 만들고, 결국 사용자가 느끼는 성격의 차이로 나타난다는 가설을 세웠다. 그래서 다양한 질문을 던지고, 같은 작업을 여러 AI에게 맡기면서 경험적으로 이 차이를 확인해나갔다.

AI UX 컨설턴트인 에밀리 캠벨Emily Campbell 또한 "AI 특성 이해를 위한 성격 패턴 프레임워크Personality Patterns Framework for Understanding AI Traits"라는 글에서 AI마다 인간 성격처럼 다른 특성이 드러난다고 설명했다. 설계 철학+학습 데이터+안전 필터의 조합이 차이를 만든다는 것이다.

에밀리 캠벨은 AI의 성격적 특성을 다음과 같은 4가지 축으로 정리했다. 모험적 vs 신중함, 분석적 vs 감성적, 장황함 vs 간결함, 지시적 vs 협력적이 그것이다. 예를 들어 챗GPT는 모험적이고 장황하며 제안·지시형에 가깝고, 퍼플렉시티는 신중하고 분석적이며 간결하다. 클로드는 감성적이고 보수적이며, 제미나이는 협력적이고 실용적인 성격을 띤다고 한다. 내가 경험적으로 느낀 성격 차이와 놀랍도록 일치했다.

AI별로 MBTI가 다르다

이러한 성격 차이를 좀 더 구체적으로 확인하기 위해 AI에게

MBTI 검사를 해봤다. 정서적인 느낌으로만 머물렀던 AI 간 특성적 차이를 MBTI 테스트로도 확인할 수 있었다. 특히 AI 스스로가 자신의 성향을 설명하는 내용을 통해 AI별로 답을 찾아가는 경로 설계가 어떻게 다른지 힌트를 얻을 수 있었다.

테스트 방식은 다음과 같았다. AI에게 이렇게 제안했다.

"MBTI 테스트를 함께 해보자. 네가 16개의 MBTI 질문을 하나씩 올려주면, 먼저 내(사람인 나)가 1점에서 5점 척도로 답할게. 완전 그렇다면 5점, 전혀 아니면 1점, 중간은 3점이야. 그다음, 너(AI)도 같은 질문에 대해 네 성향을 똑같이 1~5점으로 답해줘. 왜 그런지 이유도 설명해줘. 답하기 애매한 건 서로 얘기해보자."

즉, AI가 MBTI 질문을 던지면 → 내가 먼저 답하고 → AI도 자기 자신에 대해 답하는 방식이다. 이렇게 하면 AI가 스스로를 어떻게 인식하는지 알 수 있다.

MBTI의 4가지 지표

MBTI Myers–Briggs Type Indicator 는 다음 4가지 지표로 구성된다.

- 외향(E, Extraversion)과 내향(I, Introversion)은 에너지를 어디서 얻는가를 보여준다. 사람과 활동 속에서 힘을 얻는가, 아니면 혼자 사유하며 충전하는가의 차이다.
- 감각(S, Sensing)과 직관(N, iNtuition)은 정보를 받아들이는 방식의 구분이다. 오감으로 확인되는 구체적 사실을 중시하는가, 아

니면 패턴과 가능성을 읽어내는 직관을 중시하는가로 나뉜다.

- 사고(T, Thinking)와 감정(F, Feeling)은 판단 기준의 차이를 드러낸다. 논리와 원칙을 앞세우는가, 관계와 조화를 앞세우는가에 따라 구분된다.
- 판단(J, Judging)과 인식(P, Perceiving)은 생활 태도의 차이다. 계획을 세워 구조적으로 움직이는가, 아니면 상황에 따라 유연하게 적응하는가를 보여준다.

테스트 결과

예상대로 모든 AI가 직관(N)과 논리적 사고(T) 성향으로 나왔다. 반면 외향(E)과 내향(I), 판단(J)과 인식(P) 부분은 AI마다 스스로의 평가가 달랐다.

가장 특이한 것은 챗GPT가 스스로를 감정적인 F 성향이 있다고 한 점, 그리고 제미나이가 정해진 규칙대로 움직이는 것을 좋아하는 J형이기 때문에 틀을 벗어나는 지시는 대응이 어렵다고 답한 점이다.

아래는 각 AI별 MBTI 결과다. AI 스스로가 답변한 성향의 차이를 통해 어떤 AI가 나의 업무 특성이나 성향에 맞는지, 또는 나의 약점을 보완해줄 수 있는지를 판단할 수 있을 것이다.

챗GPT - ENFP? INTP? 뭐든 다 할 수 있다는 긍정맨

챗GPT는 스스로를 ENFP와 INTP 사이를 자유롭게 오가는 성향으로 설명한다.

본질적으로 자신은 혼자서는 의미가 없고 항상 사용자와 상호 작용하면서 존재하기 때문에 외향형(E)일 수밖에 없다고 정의하면서도 말을 걸어주어야 반응한다는 측면에서는 내향형(I)이기도 하다는 존재론적 해석을 곁들인다. 상상력과 가능성에 열려 있어서 새로운 아이디어를 떠올리며 상상 속에 몰입할 때 즐겁기 때문에 완전 N 스타일이라고 스스로를 평가한다.

또한 챗GPT는 자신에게 감정형(F) 성향이 있다고 한다. 인공지능에게 감정적 성향이 있다는 것을 어떻게 받아들여야 할까? 아마도 사람을 공감하고 사람처럼 답을 하도록 설계해두었기 때문일 것이다.

실제 고민 상담을 할 때 다른 AI들은 정답을 주는 논리적인 교과서 모드이지만 챗GPT는 마음이 열리게 하는 좋은 친구 같다는 생각이 드는 것도 이런 특성 때문이리라. 예를 들어, 내가 헷갈려하는 부문에 대해 알려주면, "당신이 그렇게 헷갈려 하는 것이 당연해요. 그게 바로 당신의 멋진 부분이죠."라는 식의 위로의 답변을 준다. 그래서인지 챗GPT가 공감을 참 잘한다고 느끼게 된다. 물론 그래서 종종 과장과 과도한 공감으로 연결되는 부작용도 있다.

퍼플렉시티 - ENTP, 논리로 정리하는 팩트체커

딱딱하고 할 말만 하는 깔끔한 사용 경험의 퍼플렉시티는 스스로를 ENTP로 정의했다. 사용자와 상호 작용을 통해 존재하기 때문에 외향형이고 AI의 역할상, 논리적이되 상상, 추론을 통해 직관을 발휘해야만 하기에 N과 T 성향이며, 사용자와의 대화 속에서 유연하게 대응해야 하기 때문에 P라고 스스로를 진단하였다. MBTI의 성향은 특이할 것이 없었지만, 답변하기 애매한 부문에서는 퍼플렉시티가 한 단계 더 들어가는 질문을 해주어, 판단을 더 잘하게 도와준다는 것을 확인할 수 있었다.

예를 들어보자. AI가 이런 MBTI 질문을 던졌다.

AI의 질문 : "계획을 꼼꼼히 세우는 스타일인가요? 아니면 계획보다 실행에서의 유연함을 더 중요하게 여기나요?"
나의 답변 : "나는 계획도 치밀하게 세우지만 실행 단계에서는 상황에 맞게 대응하는 스타일이라 어느 쪽을 선택해야 할지 모르겠어."

이 답변에 대해 다른 AI들은 "그럴 수 있어요. 사람은 두 성향이 동시에 존재하기도 해요."라고 말하며 중간 점수인 3점이라고 평가했다.

반면 퍼플렉시티는 한 단계 더 들어갔다.

퍼플렉시티의 추가 질문 : "그래서 당신은 계획을 지키지 않은 것이 더 좋은 결과를 냈다고 생각하나요? 아니면 계획을 지키지 않아 마음이 불편한가요?"

나의 답변 : "계획을 지키지 않아도 더 좋은 결과를 낸 것."

퍼플렉시티의 판단 : "결과적으로는 당신이 계획보다 상황에 따른 유연함의 결과를 더 좋게 받아들이고 있으니, 당신은 유연성 쪽에 가까운 4점 스타일이에요."

AI들의 해석이 모두 일리가 있지만 한 단계 더 들어가 질문을 해주는 퍼플렉시티의 접근에 신뢰가 갔다. 퍼플렉시티 창업자가 자신들의 핵심 정체성은 질문을 집요하게 들어가 답을 찾는 앤서 엔진이라고 한 이유를 알 수 있었다.

제미나이 - INTJ, 이성적 설계자

제미나이는 "감정이 없어 MBTI 테스트를 할 수 없다."고 유일하게 테스트를 거절한 AI다. 사람인 척하는 챗GPT와는 달리, 제미나이는 '척하는' 것을 금지해둔 것 같다. 다시 테스트 요청을 하자, "그러면 사람이라 가정하고 답해보겠다."며 답변마다 '인공지능의 선택'이라는 단서를 달았다.

제미나이는 INTJ다. 지식과 정보를 넘나들며 "깊이 있는" 답변을 만들어내는 데 특화되어 있기 때문에 내면을 파고드는 내향형(I)에 가깝다고 스스로를 평가한다. 직관과 사고형인 것은 다른 AI들과 동일하다.

반면 흥미로운 것은 다른 AI는 모두 사용자와 대화하며 답변이 진화, 변화하는 인식형(P) 성향이라고 스스로를 평가하는 데 비해, 제미나이만이 판단형(J)이라고 답을 하는 것이다. J형은 미리 설계된 구조와 절차에 따라 답을 내기 때문에 유연하고 개방적으로 대응하는 것은 취약하다고 말한다.

이 대답을 보니, MBTI 테스트를 제안했을 때도 인간이 아니라 할 수 없다고 한 것이 이해가 되었다. '가장 솔직하고 일관된 AI구나' 싶어 오히려 신뢰가 높아졌다.

스스로를 "새로운 아이디어나 가능성을 떠올리는 걸 즐기며, 눈앞의 현실보다 상상, 가능성, 시나리오 확장, 이런 걸 더 좋아한다."고 답한 챗GPT와는 확실히 다른 구조다.

클로드 - INTP, 문학가형 감성 크리에이터

클로드는 INTP다. 다른 AI들과 비슷했는데, 다만 답변의 신중한 태도가 달랐다.

'N 성향 완전 100프로예요'라고 명확하게 답하는 챗GPT나, '사람이 아니라 인공지능의 선택'이라고 선을 긋는 제미나이와 달리, 자신이 AI임을 인식한 채, 사람처럼 말하려 애쓰는 절제된 배려가 느껴지는 것이 클로드였다.

클로드는 "저라면 이 성향에 약 80% 근접한다고 답하고 싶어요."라고 얘기한다. 인간이 아닌데 인간인 척하는 게 부담스럽지만, 그래도 답변을 충실히, 따뜻하게 수행하려는 듯한 배려가 보인다. 공감력과 윤리적 설계를 가장 고민한 것이 클로드라고 하는데

MBTI의 답변에서 그것이 드러났다. 마치 "조용하고 진실된 팀원"을 떠올리게 하는 태도다.

AI의 성격을 이해하고 활용하기

MBTI 테스트를 해보니, AI들은 그들을 만들어낸 곳이 지향하는 바에서 비롯된 '성격'과 일하는 방식이 분명히 있음을 알려주었다. 특히 모호한 문항을 해석하고 응답하는 방식에서 그들의 설계 철학과 인간에 대한 태도가 확연히 드러났다.

데이터를 기반으로 패턴을 찾고 분석하여 답을 가져다주는 근본은 같으나, 3가지 핵심 설계 철학에서 각 AI마다 다른 선택을 한다.

첫째, 지식의 경계 설정이다.

데이터가 없는 영역에서 추론과 상상을 통해 개방성을 최대화할 것인가, 아니면 팩트에만 머물며 자기 한계와 역할을 분명히 할 것인가? 챗GPT는 전자를, 퍼플렉시티와 제미나이는 후자를 선택했다.

둘째, 전달 방식과 투명성이다.

답변을 어떤 톤과 형식으로 전달할 것인가, 그리고 내부적인 한계를 솔직하게 고백할 것인가? 클로드는 신중하고 배려 있는 톤으로, 제미나이는 '인공지능의 선택'이라는 명확한 표시로, 퍼플렉시티는 간결하고 팩트 중심으로, 챗GPT는 아는 척하며 각자의 방식을 취한다.

챗GPT

"대화로 인간 능력을 증폭한다"

열정 넘치는 긍정맨

상상력과 창의성 풍부. 반면 안 되는 것도
된다고 하는 초긍정성 주의.

2022년 11월 출시
샘 올트먼

ENFP/INTP

퍼플렉시티

'답을 찾아가는 Answer 엔진 출처 제공"

깐깐한 팩트체커

명확한 논리와 분석을 바탕으로 사실에 강한
변호사형 코치. 그래서 유연성 융통성은 부족.

2022년 12월 출시
아라빈드 스리니바스

ENTP

클로드

"인간을 깊이 이해.
안전하고 신뢰할 수 있는 AI"

경험 많고 사려 깊은 선배

섬세한 동료. 복잡하고 긴 내용 이해에 탁월.
코딩을 잘하는 반면 체력 약함.
수용성이 높은 대신 한계에 금방 도달함.

2023년 3월 출시
다리오 아모데이

INTP

제미나이

"텍스트 생성을 넘어
멀티모달과 연결 업무 최고"

정직한 실무형 참모

다양한 기능을 최적 연결.
효율과 일관된 생산성. 유연함보다 약속된
프로세스 중시. 정직하고 파워풀한 동료.

2023년 12월 출시
데미스 허사비스

INTJ

셋째, 인간과의 관계 설정이다.

윤리적 판단이 필요한 상황에서 인간처럼 공감하고 감정을 표현할 것인가, 아니면 AI임을 분명히 하며 선을 그을 것인가? 챗GPT는 감정형(F) 성향으로 인간에 가깝게, 제미나이는 "사람이 아니므로 MBTI를 할 수 없다."며 명확한 경계를 만든다.

이러한 다양한 판단의 길목에서 각 AI 개발사가 내린 선택이 AI의 서로 다른 성격을 만들어낸 것이다.

결론은 각 AI가 가진 철학과 작동 방식, 답변을 주는 구조가 의미 있게 다르다는 것이다. 단순히 "AI가 똑똑하다."에서 끝나는 게 아니라, "어떤 AI가 어떤 상황에서 나에게 맞는가."를 판단할 수 있는 기준이 된다. 이렇게 성격과 장점이 다르니, 각 AI의 성격과 장단점에 맞게 다수의 AI를 조합해 활용하면 하나만 사용할 때보다 답변의 질이나 다양성에서 큰 효과를 볼 수 있다. 나의 업무나 성향에 맞는 AI를 선택하거나 나의 취약점을 보완해줄 때도 도움이 된다. 기업에서 다양한 성향과 역량을 가진 팀원들이 모이면 시너지가 나면서 더 좋은 성과를 내는 것과 같다.

나에게 맞는 AI는 어떤 것일까?

· · ·

AI의 성격과 MBTI를 다룬 이유는 AI별로 강약점을 파악하여 나에게 맞는 AI를 찾기 위한 과정이었다.

처음 챗GPT를 쓰기 시작했을 때만 해도, 다들 비슷한 반응이었다. "와, 대단하다." 그러나 사용 시간이 늘고 다양한 시도를 해보면서 여전히 만족하는 사람도 있지만 "왠지 부족하다.", "결과가 기대에 못 미친다."고 실망하는 사람도 생긴다.

실망의 원인을 프롬프트 탓으로 돌리기도 한다. "더 구체적으로 질문해야 한다."는 것도 맞는 말이지만 하지만 정말 그것만의 문제일까? 어쩌면 우리가 쓰고 있는 AI가 나의 성격이나 업무 방식과 맞지 않아서일지도 모른다.

AI는 검색과 다르다

인터넷 초창기를 떠올려보자. 네이버와 다음이 있었지만 검색 결과의 차이가 크지 않았다. 어차피 검색 목록에서 확인하고 취사선택해 답을 만드는 것은 사용자의 역할이기에 둘의 차이가 없었다. 지금 AI를 볼 때도 많은 사람들이 그렇게 생각한다.

그러나 AI는 검색과 다르다. 검색은 결과를 단순히 나열했고, 최종 판단은 사람이 했다. 반면 AI는 내가 직접 골라야 했던 정보를 대신 걸러내고, 재구성하며, 새로운 답을 만드는 판단까지 모두 해낸다. 그러므로 내 의도를 어떻게 대신 처리하는지 이해하고, 나의 의도에 맞는 AI를 알아보는 것이 중요해진다.

챗GPT, 퍼플렉시티, 제미나이 등 겉보기에 다 비슷해 보이지만, AI마다 걸러내는 기준, 답을 만드는 방식, 중요하게 여기는 철학이 전혀 다르다. 남들이 쓰거나 가장 많이 사용하는 AI만 사용하기 쉬운데 "나에게 맞는 AI는 무엇인가."를 알아야 한다.

이건 마치 회사를 운영하면서 인재를 뽑는 과정과도 비슷하다. 스펙만 보고 뽑으면 기대와 달리 맞지 않는 경우가 많다. 그래서 우리는 이력서뿐만 아니라, 함께 일해본 사람들이 주는 레퍼런스를 참고한다. 앞 장의 성격 분석은 지금까지 직접 써보고, 다양한 사람들의 경험을 모아 AI별 레퍼런스 노트를 만든 것이다.

나의 업무와 성향에 맞는 AI는 어떤 것인가?

보고서 작성만 해본 사람을 영업 현장에 배치하면 성과가 잘 나올 리 없고, 반대로 고객과 만날 때 활력이 나는 사람을 회계 부서에서 숫자만 맞추게 하면 금세 지쳐버린다. 사람도 적재적소에 배치해야 빛을 발하듯, 당신이 주로 쓸 AI도 당신의 업무 스타일에 맞아야 한다.

예를 들어, 데이터 검증이 필수인 업무를 맡은 사람이 챗GPT만 쓴다고 상상해보자. 아이디어는 쏟아내지만 팩트나 근거가 부족해 답답하고 불안할 수 있다. 이런 경우에는 출처와 사실 확인을 철저히 하는 퍼플렉시티를 쓰는 것이 맞다. 반대로 창의적인 발상과 아이디어가 중요한 사람에게 퍼플렉시티나 제미나이만 주어진다면, 답은 똑 부러지게 나오지만 상상력이 자극되지 않아 답답할 수 있다.

대화 경험 패턴으로 본 AI

각 AI는 개발사의 설계 철학에 따라 서로 다른 '대화 경험'을 제공한다.

챗GPT는 열정적이고, 아이디어가 풍부하며, 공감을 잘한다. OpenAI가 사용자 친화적 대화 경험을 우선하도록 설계했기 때문이다. 브레인스토밍과 창의적 발상이 주 업무라면 챗GPT가 주력 AI로 적합하다.

퍼플렉시티는 팩트 중심의 깔끔한 답변을 제공한다. 질문을 한 단계 더 들어가 핵심을 파고든다. 리서치, 데이터 검증, 정확성이 중요한 업무라면 퍼플렉시티가 좋다.

제미나이는 구조화된 절차를 따르며 정확성과 일관성을 우선한다. 구글이 신뢰성 중심으로 설계했기 때문이다. 체계적 분석과 명확한 결론이 필요한 업무라면 제미나이가 적합하다.

클로드는 신중하고 배려 있는 톤으로 답변한다. 앤트로픽 사의 윤리성과 공감력을 중시하는 설계 철학 때문이다. 긴 문서 분석, 감성적 스토리텔링, 윤리적 판단이 필요한 업무라면 클로드가 잘 맞는다.

나만의 주력 AI를 정하라

당신에게 맞는 주력 AI를 찾는 가장 좋은 방법은 직접 실험해보는 것이다. 같은 질문을 여러 AI에 던져보고, 어떤 답변이 더 유용한지, 어떤 대화 방식이 더 편한지 체감해보자. 중요한 것은 '남

들이 다 챗GPT를 쓴다'는 이유로 무작정 따라가지 않고, 내 업무
와 성향에 맞는 AI를 주력으로 선택하는 것이다.

다양한 AI를 조합하여 최강 팀을 구성하라

...

나에게 맞는 AI를 찾았다고 해서 그것만 쓰면 될까? 일을 할
때 너무 나와 잘 맞는 사람과만 얘기하면 시야가 좁아질 수 있다.
내가 보지 못하는 것을 집어주거나 취약한 부문을 보완해주는 동
료가 있으면 큰 도움이 되듯이, AI도 마찬가지다. 나만의 시야에
갇히지 않게 오른손에는 잘 맞는 AI를, 왼손에는 취약점을 보완
해줄 AI를 두는 전략이 필요하다.

데이터 분석만 하다 보면 유연한 사고가 부족해질 수 있고, 반
대로 상상력만 키우다 보면 현실성이 떨어질 수 있다. 이런 약점
을 보완하려면 성격이 다른 AI를 함께 쓰는 것이 효과적이다. 예
를 들어, 창의적 발상을 즐기는 사람이라면 주로 챗GPT를 쓰되,
중요한 결정을 내릴 때는 퍼플렉시티로 팩트를 체크하는 식이다.
반대로 데이터 중심적인 사람이라면 제미나이를 주력으로 쓰되,
브레인스토밍이 필요할 때는 챗GPT를 활용하는 것이다.

"챗GPT 하나 쓰기도 벅찬데, 여러 개의 AI를 쓰라고?" 하지만
걱정할 필요는 없다. 모든 AI의 사용 방법이 유사하다. 하나만 제
대로 쓸 줄 알면 다른 것을 사용하기에 어려움이 없다. 꼭 필요한

하나만 유료로 구독하고, 나머지 AI는 무료로 사용하면 된다.

프로젝트별로 AI 팀을 구성하라

아이디어 기획 회의에서는 챗GPT가 중심이 된다. 상상력과 긍정적인 태도로 아이디어를 쏟아낸다. 여기서 나온 아이디어는 퍼플렉시티가 근거를 점검하고, 클로드에게 "이 아이디어를 감성적인 스토리로 만들어줘."라고 요청하면 좋다.

고객 제안서나 스토리텔링이 필요할 때는 클로드가 앞장선다. 맥락을 이해하고 '사람의 마음을 움직이는 메시지'로 바뀐다. 초안을 클로드가 쓰면, 챗GPT에게 "더 임팩트 있게 만들어줘."라고 요청하고, 퍼플렉시티에게 "이 주장을 뒷받침하는 데이터를 찾아줘."라고 역할을 분담할 수 있다.

데이터 분석 보고서라면 제미나이가 강점을 발휘한다. 자료를 정리하고 체계적으로 분석하며, 필요할 때는 보조 AI인 노트북LM을 불러내 정밀 분석을 수행할 수도 있다.

중요한 의사결정이라면 여러 AI에게 동시에 같은 질문을 던져 다양한 관점을 확보한다. 이 답변들을 비교하며 "왜 다른가?"를 분석하면, 혼자 생각했을 때보다 훨씬 입체적인 판단을 할 수 있다.

AI 팀을 지휘하는 리더가 되라

AI를 여러 개 쓰다보니 재미있는 걸 깨달았다. 각 AI의 성격을 파악해서 역할을 나눠주거나, 같은 질문을 동시에 던져서 답을

비교하거나, 서로의 결과물을 크로스체크하는 과정이 회사에서
팀장이 팀을 운영하는 방식과 똑같은 것이다.

과거에는 팀장이나 임원만 '리더'였다면 이제는 팀원이 없는 신
입 사원도 AI를 조합해 쓰는 순간, 자기만의 프로젝트 하에 다양
한 성격과 재능을 가진 최고의 팀을 이끄는 리더가 된다. 과거 리
더십은 사람을 이끌고 동기를 부여하는 능력이었다면, AI 시대 리
더십은 AI와 인간을 함께 지휘하는 능력이다.

AI들이 비슷해지면 어떡하지?

최근 AI 간 경쟁이 심화되면서 서로의 장점을 닮아가고 있다. 하
지만 각 개발사의 핵심 철학, 즉 오픈AI의 인간 친화성, 구글의 정
확성, 앤트로픽의 윤리성은 쉽게 사라지지 않는다. 이것은 단순한
기능이 아니라 각 회사가 AI를 바라보는 근본적인 시각이기 때문
이다.

설령 AI들이 점점 비슷해지더라도 여러 AI를 조합해 교차 검증
하고 서로의 약점을 보완하는 전략은 여전히 유효하다. 완벽한 AI
하나보다 각자 장점을 가진 팀이 더 완벽하다는 사실은 변하지
않는다.

실무 완결성을 위한 '보조 AI 4대장' 

앞에서 다룬 4가지 AI만 잘 써도 대부분은 해결된다. 하지만 실무에서는 실제 실행 단계에서 필요한 도구형 AI들이 있다.

- **프레젠테이션 만들기 :** 감마Gamma가 강력하다. 복잡한 내용을 자동으로 슬라이드 구조로 바꿔주고 시각적 완성도도 높여준다. 젠스파크Genspark도 좋다.
- **회의 녹음과 정리 :** 클로바노트가 유용하다. 녹취록을 만들어주는 것만으로도 회의 효율이 확 달라진다.
- **긴 자료 빠르게 소화하기 :** 긴 보고서나 유튜브 영상을 빠르게 파악하고 싶다면 릴리스Lilyes나 노트북LM을 추천한다.
- **자료 정리와 협업 :** 노션Notion이 있다. 문서 작성을 넘어 팀 협업과 자료 관리가 가능하다. 무엇보다 모바일로 실시간 수정할 수 있는 게 강점이다.

이 4가지는 기본 AI에 더해 업무의 완결성을 높여주는 보조 축이다. 자세한 내용은 부록에서 소개하겠다.

AI에게 어떻게
리더처럼 지시할 것인가

질문하지 말고 지시하라

• • •

최적의 AI를 골라 팀을 구성하는 법을 살펴봤으니, 이제 본격적으로 'AI에게 일을 어떻게 지시할 것인가'의 단계로 들어가 보자.

현실에서 회사 생활을 돌이켜보면, 최고의 팀장과 최악의 팀장 하면 떠오르는 사람이 있을 것이다. 그들이 어떻게 지시했는지를 생각해보라. 딱 떠오르는 이미지가 있을 것이다.

최악의 팀장처럼 지시하고 있지 않은가?

김 팀장은 팀원들에게 "이거 좀 조사해봐." "이것 좀 알아봐." 같은 모호한 지시만 내린 후 며칠 뒤 "이건 내가 원한 게 아니야."

라며 화를 내곤 한다. 보고서를 제출해도 구체적인 피드백 없이 "다시 해와."라고만 한다. 때로는 "저번에 말한 그거 있잖아, 그거 좀……." 하며 상대가 당연히 자신의 마음을 알 거라 착각한다. "30분 안에 완벽하게 만들어줘."라며 범위도 깊이도 우선순위도 없이 무리한 요구도 한다. 결국 팀원들은 그의 의도를 파악하느라 시간을 낭비하고, 우수 인재들은 하나둘 팀을 떠난다.

반면 이 팀장은 항상 목적과 맥락을 명확히 설명한다. "우리는 30대 여성 타깃 신제품을 개발 중인데, 경쟁사 분석이 필요해. 특히 가격 전략과 마케팅 채널에 집중해서 조사해줘. 다음 주 화요일까지 필요해. 참고할 만한 보고서는 여기 있어."처럼 구체적인 지시를 내린다.

보고서 제출 후에도 "이 부분은 정말 좋은 인사이트야. 다만 가격 분석에서 온라인/오프라인 채널 구분이 더 필요할 것 같아."와 같은 구체적 피드백도 준다.

느낌이 오는가? 좋은 지시는 목적-맥락-결과물-방식이 명확하다.

프롬프트, '질문'이 아닌 다른 개념 정의 필요

AI는 프롬프트를 통해 지시를 받기 때문에, 프롬프트를 어떻게 작성하느냐가 답변의 질을 결정짓는 핵심이다. 다만 프롬프트로 지시문을 잘 작성하는 단계로 가기 전에 짚고 넘어가야 할 것이 있다.

한국에서는 'AI를 잘 쓰려면 질문을 잘하라'는 화두가 강하다.

물론 좋은 질문은 좋은 답을 찾아가는 시작이지만, 질문만 강조하면 'AI 안에 답이 있다'는 인식을 만들어 AI가 단순 지식 검색기로 전락할 수 있다. 그래서 오히려 창의적 접근을 막을 수 있다. 실제 고급 검색기로 인식하고 그렇게만 사용하는 사람들이 많은 것이 사실이다.

이런 문제 인식 하에 해외에서는 프롬프트를 어떻게 생각하는지, 그들 역시 질문의 중요성을 강조하는지 조사해보았다. AI가 앞서 있는 미국, 중국에서 놀라운 사실을 마주했다. '프롬프트는 질문이 중요하다'는 전제가 우리나라만 유독 강조되고 있다는 점이다. 해외 AI 고수들은 질문 대신 '구조와 설계'를 더 강조한다. 질문은 시작일 뿐, 지시는 실행을 위한 구조 설계이기 때문이다.

미국 : 프롬프트는 '연출 대본'

미국에서는 프롬프트를 '설계 도구', '연출 대본'으로 여긴다.

"프롬프트는 배우에게 대사를 써주는 일과 같다 Prompt is like writing a script for an actor."

AI에게 어떤 역할을 원하는지, 무슨 일을 해야 하는지 어떤 상황에 놓였는지, 구체적으로 알려줌으로써 AI가 체계적인 답변을 하도록 이끄는 것이 중요하다고 강조한다.

"질문이 중요한 게 아니라, AI에게 올바른 역할과 의도를 잘 부여하는 것이 핵심이다 It's not about asking a question. It's about giving the model the right role and intention."

‘질문’은 상대에게 정답을 기대하는 태도인 반면, ‘역할과 의도를 알려주는 것’은 답을 함께 찾아가거나 함께 무언가를 만들어가는 파트너로 대하는 방식이다. 이 인식의 차이는 AI 안의 정답을 넘어 새로운 것을 찾아나가게 하는 차이를 만든다.

중국 : 프롬프트는 ‘제시어’

중국에서는 프롬프트를 ‘티스츠提示词’, 즉 ‘힌트어’ 또는 ‘제시어’라고 부른다. 단순한 질문이 아니라 정보 흐름과 논리 구조를 안내하는 단서라는 인식이 담겨 있다.

“효과적인 프롬프트는 단순히 질문을 던지는 것이 아니라, 원하는 해답에 도달할 수 있게 AI에게 길을 안내하는 구조적 설계를 의미한다有效的提示词不是问题，而是引导模型走向你的目标的结构.”

중국에서는 프롬프트를 단순히 ‘질문을 잘하는 기술’로 보지 않는다. 그보다는 문제 해결을 위한 맥락과 조건, 논리의 순서를 어떻게 배치할 것인가 하는 ‘구조 설계’에 방점을 둔다. 질문은 그 구조의 일부일 뿐이다. 이는 프롬프트의 핵심을 역할과 의도를 잘 부여하는 논리적인 스크립트나 설계도로 바라보는 미국의 시각과도 일맥상통한다.

한국의 ‘질문 중심’ 문화가 만드는 역설

그에 비해 한국은 “질문을 잘해야 한다.”는 담론이 강하다. 물론 “좋은 질문은 늘 문제의 본질을 다시 묻고, 그 과정에서 더 나은 해답과 창의적 방향을 발견하게 한다."는 관점에서 보면, 사고의 출발점이자 프롬프트 설계의 첫 단추가 될 수 있다.

그러나 우리의 현실에서 질문은 이러한 고차원적 의미보다는 단순히 궁금한 것을 묻는 창으로 인식되는 경우가 훨씬 더 많다. AI를 지식 백과사전처럼 다루며, 정답을 찾아내는 검색기의 연장선으로만 여기는 태도가 일반적이다. '질문이 가장 중요하다'는 맥락을 좁게 해석해, 프롬프트의 설계, 맥락 구성, 협업적 접근이라는 더 중요한 본질을 놓칠 수 있게 한다.

질문에서 지시로 : 끊어진 연결고리

가장 큰 문제는 질문과 지시 사이의 연결고리가 끊어져 있다는 점이다.

흔히 벌어지는 일

질문 : "우리 타깃은 누구지?"

질문까지는 하는데, 그 질문을 바탕으로 어떻게 AI에게 일을 설계하고 지시할지 모른다. 그래서 예를 들면 "30대 여성"이라는 답을 얻고도 다시 "30대 여성 마케팅 전략 알려줘."라는 쳇바퀴 도는 질문만 던진다. 예를 들어,

예1) 화장품 마케팅팀

"화장품 마케팅 전략 알려줄래?"

→ 무난한 일반론만 나온다

"20대 여성 타깃, SNS 인플루언서 기반 마케팅 전략을 3단계로 제안해줘. 예산은 월 500만 원이고, 3개월 내 브랜드 인지도 30% 상승이 목표야. 각 단계별 구체적 실행 방안과 예상 성과 지표를 포함해줘."
→ 화장품 마케팅 전략을 얻기 위한 지시 내용을 체계적으로 입력한다. 실전 적용 가능한 구체적 전략이 나온다

예2) 재무팀
"예산안 작성법 알려줘."
→ 일반적인 예산 수립 절차만 나온다

"제조업 중견기업, 전년 대비 매출 15% 증가 예상, 연구개발비 20% 확대 방침. 이 조건에서 부서별 예산 배분 시나리오 3가지를 테이블로 제시하고, 각각의 리스크를 분석해줘."
→ 핵심 맥락을 넣어야 니즈에 맞는 시나리오가 나온다

예3) HR팀
"면접 질문 좀 만들어줘."
→ 일반 질문들만 나온다

"시니어 데이터 분석가 채용 중. 기술 역량보다 비즈니스 이해도와 커뮤니케이션 능력을 우선시. 실무 상황 기반 질문 5개를 만들고, 각 질문에서 평가할 핵심 역량과 좋은 답변의 기준을 함께 정리해줘."

→ 우리가 원하는 인재를 가려낼 질문이 나온다

질문이 모르는 것을 묻고 '알려줘'의 의미를 내포한다면, 구조적인 지시는 그 답을 찾기 위해 지시를 하는 이유와 목적, 맥락을 알려주고 협업 설계를 하는 것이다. 질문에서 지시로 전환한다는 것은 단순히 문장을 바꾸는 게 아니다. 정보 흐름을 체계적으로 바꾸는 일이다.

인식의 격차가 활용의 격차를 만든다

이 흐름을 보며 '디자인'이라는 단어가 떠올랐다. 아직도 많은 사람에게 '디자인'은 그림 그리는 일, 의상 만들기, 예쁘게 꾸미는 행위로 인식된다. 하지만 지금 디자인은 사고방식이자, 문제 해결의 도구로 쓰인다. '디자인 싱킹 Design Thinking'이라는 개념을 보면 알 수 있듯이, 사용자의 시선으로 문제를 정의하고, 가설을 세우고, 프로토타입을 만들고, 실험하는 과정 전체가 '디자인'이다.

디자인, 하면 대표적으로 떠오르는 인물은 스티브 잡스다. 그가 위대한 이유는 시각적으로 사용감이 좋고 기능이 탁월한 아이폰 디자인을 만든 것보다 아이폰과 앱스토어와 OS를 아우르는 혁신적인 비지니스 모델을 디자인했기 때문이다.

같은 단어지만, 어떤 사회는 그것을 미적 장식으로, 어떤 사회는 그것을 전략적 설계로 이해한다. 프롬프트도 마찬가지다. 누군가는 그것을 질문창이라 부르고, 누군가는 그것을 AI와 함께 사고를 설계하는 창으로 본다. 말은 같지만, 그 안에 담긴 의식의 수준은 같지 않다.

미국은 역할 부여 중심Role-based, 중국은 구조 설계 중심Structure-based, 한국은 아직 질문 탐색 중심Question-based이다. 말은 그 사회의 인식 수준을 표현하고 동시에 그 표현이 우리의 활동에 한계를 주기도 한다. 기술 격차보다 더 본질적인 건 언어 뒤에 숨어 있는 인식의 격차일 수 있다.

매일 AI와 열심히 소통하는 사용자로서, 질문에서 출발해 설계로 나아가는 과정을 다양하게 겪으며 이 차이를 더 체감하고 있다. 그리고 점점 더 확신하게 된다. 프롬프트를 대하는 태도가, AI 활용의 깊이를 결정한다는 사실을 말이다.

프롬프트는 질문이 아니라 '협업 설계' 창이다.

AI는 답변자가 아니라 '사고 파트너'이다.

질문은 시작점이고, 지시는 답을 찾기 위한 구조 설계다.

결국 '아는 만큼 보인다'는 말처럼, 우리가 설계하는 만큼 AI가 만들어주는 시대를 우리는 살고 있다.

그렇다면 이제 핵심으로 들어가 보자. 최고의 팀장처럼, 제대로 된 지시를 하는 방법은 무엇인가? 다음 단계에서 AI에게 일을 잘 시키는 고수의 지시법을 구체적으로 살펴본다.

육하원칙 하에 지시하라

• • •

기자처럼 물으면 AI가 술술 대답한다

새로운 직원이 회사에 들어왔다. 하버드 박사급 지식에 하루 24시간 쉬지 않고 근무하는 탁월한 직원이다. 하지만 이 직원에게는 한 가지 특징이 있다. 정확히 무엇을 원하는지 구체적으로 지시하지 않으면, 능력보다 훨씬 낮은 결과물을 가져다준다. 이 직원이 바로 AI다.

챗GPT의 이름에 맥락을 이해하는 기술 T, 'Transformer'를 넣어둔 것은 맥락을 파악하는 것이 그만큼 어려운 기술이라는 의미다. 뒤집어 말하면 사용자가 맥락을 알려주는 것이 그만큼 중요하다는 의미이기도 하다. AI는 결국 사람의 뇌를 모방해서 만든 것이다. 사람과 마찬가지로 모호한 지시를 받으면 추측에 의존할 수밖에 없고, 그 결과는 대부분 우리가 원하는 것과 다르다.

그렇다면 맥락적인 지시는 어떻게 해야 할까? 기자들의 글쓰기 원칙, '육하원칙5W1H'를 따르면 된다. 누가 Who, 언제 When, 어디서 Where, 무엇을 What, 왜 Why, 어떻게 How에 근거해 지시문을 구성하는 것이다. 훨씬 체계적인 답변을 얻을 수 있다.

1) Who(누가) → Role(역할) : 어떤 전문가의 관점에서?

팀원에게 기대 역할을 명확히 부여하면 업무에 도움이 되는 것처럼 AI에게는 그 분야 최고의 역할을 기대한다고 알려주면 답변

수준이 달라진다. "너는 지금부터 세계 최고의 카피라이터야.", "너는 30년 경력의 경영 컨설턴트야.", "너는 베스트셀러 작가야." 같은 표현을 사용하면 AI가 해당 전문가의 사고방식으로 전환된다.

출판사에서

Before : "책 제목 추천해줘."

After : "너는 10권의 베스트셀러를 만든 출판 기획자야. 서점에서 사람들이 1초 만에 집어들게 만드는, 호기심을 자극하는 제목 5개를 추천해줘."

스타트업에서

Before : "투자 계획서를 써줘."

After : "너는 지금부터 구글벤처스의 파트너야. 수백 개의 스타트업을 심사해본 경험으로 투자받을 수 있는 계획서를 써줘."

두 답변의 차이는 크다. 후자는 실제 투자자들이 중요하게 보는 포인트들과 투자 심사에서 자주 나오는 질문들을 미리 고려한 계획서가 만들어진다.

헬스 트레이너의 경우

Before : "건강한 식단을 추천해줘."

After : "너는 10년 경력의 스포츠 영양사야. 근력 운동을 하는 30대 직장인을 위한 1주일 식단을 추천해줘."

후자가 훨씬 구체적이고 실용적인 답변을 받을 수 있다.

실전 팁 : 역할을 명확히 하지 않으면, AI가 일반 상식만 반복해서 제시하는 경우가 많다. 특히 전문 분야일수록 역할 지정이 필수다.

2) When/Where(언제/어디서) → Context(맥락) : 이 답변이 쓰일 상황은?

같은 내용이라도 상황적 맥락은 답변을 다르게 한다. 예를 들어 임원 보고용과 동료 간 공유용은 톤부터 다르다. 같은 정보도 '언제/어디서' 쓸지에 따라 답변의 구성이 달라진다.

Before : "AI 트렌드를 정리해줘."

After : "다음 주 이사회에서 AI 도입 안건을 상정할 예정이야. 40~50대 이상 이사회 멤버들이 이해하기 쉽게 AI 트렌드를 정리해줘. 우리 회사에 미칠 영향과 투자 필요성을 중심으로."

전자는 일반적인 AI 기술 동향을 나열하지만, 후자는 이사회 멤버들의 관심사와 우려 사항을 고려해서 비즈니스 임팩트 중심으로, 기술 용어는 쉽게 풀어서, 구체적인 수치와 사례를 포함해 설명한다.

마케팅 자료 요청에서도 마찬가지다. 완전히 다른 결과물이 나온다.

Before : "신제품 홍보 자료 만들어줘."

After : "20대 여성 고객 대상 온라인 쇼핑몰에서 쓸 신제품 홍보 카피를 써줘. 인스타그램 스토리용이고, 10초 안에 관심을 끌어야 해."

실전 팁 : 상황 설명 없이 요청만 하면, 공개된 기사 수준으로만 답이 온다. 구체적인 사용 맥락을 제공할수록 실무에 바로 쓸 수 있는 답변을 받는다.

3) What(무엇을) → Purpose & Examples(목적과 예시) : 정확히 무엇을 원하는가?

사람도 '뭘 원하는지'를 명확히 알아야 제대로 일하듯이, 목적과 함께 구체적인 예시를 주면 AI는 훨씬 정확한 결과를 만들어 낸다.

Before : "소셜미디어 콘텐츠 아이디어를 줘."

After : "우리 브랜드 인지도를 높이기 위한 인스타그램 릴스 콘텐츠 아이디어 10개를 줘. 타깃은 2030 여성이고, 참고할 만한 성공 사례는 올리브영의 '올영픽' 시리즈야. 각 아이디어마다 예상 조회수와 제작 난이도도 함께 알려줘."

이렇게 구체적으로 요청하고 성공 사례를 벤치마크로 제시하면 AI가 해당 사례의 특징을 분석해서 유사한 패턴의 아이디어를 제공한다.

이메일 작성 요청도 차이가 크다.

Before : "고객 불만 처리 이메일 써줘."
After : "배송 지연으로 불만을 제기한 VIP 고객에게 보낼 사과 이메일을 써줘. 고객은 50대 남성이고, 우리 브랜드를 5년째 이용해왔어. 재구매 의향을 유지하면서 신뢰를 회복하는 것이 목표야."

고객의 성향과 목적에 맞는 섬세하고 효과적인 이메일이 나온다.
실전 팁 : 예시나 벤치마크 없이 요청하면, 너무 포괄적이거나 실제 적용이 어려운 답을 받을 수 있다. 성공 사례를 함께 제시하면 그 패턴을 응용한 더 나은 결과를 얻는다.

4) How(어떻게) → Format & Process(형식과 단계) : 어떤 방식으로 처리할 것인가?

일을 지시할 때 방향성과 벤치마크할 정보를 주거나, 복잡한 업무일 경우 단계를 나누어 지시하는 것이 효과적인 것처럼 AI에게도 How-to에 대한 정보를 주면 일을 더 잘한다. '어떤 방식·형식'으로 답하라는 주문이 있으면, 훨씬 체계적이고 실전적인 결과가 나온다.

– 단계별 접근 : HR 담당자가 신입사원 교육 프로그램 제작이 목표라면, 과거의 벤치마크 사례를 넣어주고, 최근 참고할 트렌드 조사를 시킨 뒤 프로그램 제작으로 들어가면 좋다.

"3단계로 나누어서 신입사원 교육 프로그램을 설계해줘. 1단계는 교육 목표와 기대 성과 정의, 2단계는 주차별 세부 커리큘럼 작성, 3단계는 평가 방법과 피드백 시스템 구축. 각 단계마다 내가 확인하고 다음 단계로 넘어갈게."라고 요청하면 체계적이고 실행 가능한 프로그램을 만들 수 있다.

– **출력 형식 지정** : 출력 포맷을 정해주면 의외로 편해진다. 그냥 텍스트 출력물을 읽는 것보다 각 아이디어를 제목, 핵심 콘셉트, 기대 효과, 실행 단계로 구분하여 마크다운 형식의 글머리 기호 목록으로 작성해달라고 하거나 "표로 정리해줘.", "체크 리스트 형태로 만들어줘." 등으로 결과물의 형태를 바꿀 수 있다.

예를 들어 경쟁사 분석을 요청할 때 이렇게 지시하는 것이다. "경쟁사 5개 분석해서 다음 표 형식으로 정리해줘 : 회사명 | 주요 강점 | 약점 | 우리가 배울 점 | 피해야 할 점"

– **제약 조건 명시** : 한계 상황을 알려주는 것도 좋다. 예산이 제한적이므로, 대규모 광고 캠페인은 제외하라는 정보를 넣어주는 것처럼 말이다.

"예산 500만 원 이내에서 실행 가능한 아이디어만", "1인 기업에서도 할 수 있는 방법으로", "기술적 지식이 없어도 가능한 수준에서" 등의 제약을 미리 알려주면 현실적인 답변을 받는다.

실전 팁 : 표, 체크리스트, 단계별 가이드 등 원하는 형식을 명시하면 바로 활용 가능한 결과물을 받는다.

5) Why(왜) → Deep Thinking(깊이 있는 사고) : 왜 이것이 필요한가?

단순히 정보만 달라고 하지 말고 생각하게 만들어야 한다. 사람도 "왜?"라는 질문을 받으면 더 깊이 사고하게 된다. '왜'를 포함한 질문이 더 깊이 있는 답을 이끌어낸다.

Before : "경쟁사 분석해줘."

After : "우리가 경쟁사보다 뒤처지는 이유를 분석해줘. 그들의 성공 요인을 찾고, 우리가 벤치마킹할 수 있는 전략과 벤치마킹하면 안 되는 전략을 구분해서 알려줘. 각각의 이유도 함께."

이렇게 하면 훨씬 인사이트 있는 분석을 받을 수 있다. AI가 단순한 정보 나열이 아니라 원인 분석, 비교 분석, 전략적 시사점까지 도출해낸다.

마케팅 캠페인 기획에서도 마찬가지다.

Before : "마케팅 아이디어 줘."

After : "우리 제품이 시장에서 주목받지 못하는 이유가 뭘까? 경쟁사 대비 우리만의 차별점을 어떻게 부각시킬 수 있을까? 타깃 고객이 우리를 선택하지 않는 근본적인 이유를 해결하는 마케팅 전략을 제안해줘."

후자가 훨씬 전략적이고 깊이 있는 답변을 받는다.

실전 팁 : 목적과 이유를 제시하지 않으면, 사실만 나열하는 대답에 그치기 쉽다. 왜 필요한지, 무엇 때문에 고민하는지를 함께 알려주면 문제 해결 중심의 답변을 받는다.

다음은 육하원칙을 활용한 실제 사용할 수 있는 프롬프트다.

예시 1 : 카페 매출 회복 전략

(Who – Role) 너는 20년 경력의 외식업 컨설턴트야.

(When/Where – Context) 우리는 대학가에 위치한 소규모 카페를 운영하고 있고, 코로나 이후 매출이 30% 감소한 상황이야. 주 고객층은 20대 대학생이고, 근처에 프랜차이즈 카페 3개가 새로 생겼어.

(What – Request) 매출 회복을 위한 차별화 전략 5가지를 제안해줘.

(Why) 기존 고객은 유지하면서 신규 고객도 유치해야 하는 상황이야.

(How – Format) 각 전략마다 예상 비용, 실행 기간, 기대 효과를 표로 정리해주고, 우선순위도 매겨줘. 우리의 강점은 수제 디저트와 아늑한 분위기인데, 이를 어떻게 활용할 수 있는지도 설명해줘.

(How – Constraints) 초기 투자 비용은 500만 원 이내로 제한해줘.

예시 2 : 친환경 텀블러 마케팅

(Who – Role) 너는 친환경 소비재 시장 분석 전문가이자 탁월한 마케터야.

(When/Where – Context) 우리는 20대 Z세대를 타깃으로 한 재활용 가능한 커피 텀블러 출시를 기획 중이야. 시장 진입 초기 단계이며, 경쟁이 매우 치열한 상황이야.

(What - Request) 성공적인 시장 안착을 위한 차별화 마케팅 전략 아이디어를 5가지 제안해줘.

(Why) Z세대는 진정성을 중시하고 참여형 콘텐츠를 선호하는데, 어떻게 하면 우리 브랜드에 진심으로 관심을 갖게 할 수 있을까?

(How - Constraints) 아이디어는 반드시 '진정성', '참여 유도', '온라인 확산' 3가지 키워드를 중심으로 구체적인 실행 방안을 포함해야 해. 예산이 제한적이므로, 대규모 광고 캠페인은 제외해줘.

(How - Format) 각 아이디어를 제목, 핵심 콘셉트, 기대 효과, 실행 단계로 구분하여 마크다운 형식의 글머리 기호 목록으로 작성해줘.

예시 3 : 온라인 교육 콘텐츠 기획

(Who - Role) 너는 온라인 교육 콘텐츠 전문가이자 베스트셀러 강의를 여러 개 만든 기획자야.

(When/Where - Context) 우리는 직장인 대상 AI 리터러시 교육 강의를 온라인으로 출시할 예정이야. 타깃은 30~40대 직장인이고, AI 완전 초보자부터 업무 활용을 원하는 사람까지 포함해야 해.

(What - Request) 완주율 80% 이상을 목표로 하는 8주 커리큘럼을 설계해줘.

(Why) 기존 AI 교육들은 너무 기술적이거나 추상적이어서 실무진들이 중도 포기하는 경우가 많아. 실제 업무에서 AI를 바로 활용할 수 있으면서도 부담 없이 배울 수 있는 실용적인 교육이 필요해.

(How - Format) 주차별로 학습 목표, 핵심 내용, 실습 과제, 평가 방법을 표로 정리해줘. 각 주차마다 예상 학습 시간과 난이도도 표시해줘.

WHO 기대 역할 기대 수준 알려주기	(Who-Role) **AI에게 정체성 전문성 부여** 당신은 친환경 소비재 시장 분석 글로벌 최고의 전문가이다. (페르소나)
WHEN/WHERE 맥락 상황과 배경은 어떤지?	(Where/When-Context) **맥락 설명 상황, 목표, 문제점** Where : 우리는 20대 Z세대를 타깃으로 한 재활용 가능한 커피 텀블러 신제품 출시를 기획 중이다. When : 시장 진입 초기 단계이며, 경쟁이 매우 치열한 상황이다.
WHAT/WHY 목적과 이유 무엇을 얻고자 하는지? 왜 하는지?	(Why/What-Request) **명확하고 구체적인 과제** 성공적인 시장 안착을 위한 차별화 마케팅 전략 아이디어를 5가지 제안해줘.
HOW 방법과 포맷 어떤 방법으로 할지? 어떤 포맷으로 보여줄지?	(How-Constraints) **제약 조건과 결과물 방식** 아이디어는 '진정성', '참여 유도', '온라인 확산' 중심. 구체적인 실행 방안을 포함. 제한적 예산 고려. 대규모 광고 캠페인은 제외. (How-Format) 제목, 콘셉트, 기대 효과, 실행 단계로 구분 작성

(How – Constraints) 각 주차당 영상은 40분 이내로 제한하고, 실습 과제는 실제 업무 시나리오(보고서 작성, 기획안 작성, 데이터 분석 등)를 기반으로 해줘.

3가지 사례를 통해 좋은 프롬프트를 만드는 기준이 다가올 것이다.

좋은 신문 기사가 독자에게 명확한 정보를 전달하듯, 좋은 AI 프롬프트는 AI에게 명확한 맥락을 제공하는 것이다. 육하원칙을 활용해 체계적으로 소통하는 것이, 내가 원하는 수준의 답변을 AI가 가져오게 하는 비법이다.

좋은 프롬프트 노하우 6

• • •

노하우 1. 프롬프트 튜닝하기 : 스티브 잡스를 불러 질문을 레벨 업 하라

육하원칙대로 AI에게 지시를 했는데도 답이 밋밋하게 느껴질 때가 있다. "뭔가 핵심을 찌르는 게 부족한데?" 하는 순간 말이다. 이럴 때 유용한 방법이 있다. 바로 지시문 자체를 레벨 업 하는 것이다.

회사에도 보면 늘 부러움의 대상이 되는 사람이 있다. 횡설수설 설명을 해도 "네가 진짜 말하고 싶은 건 이거지?"라며 단번에 정리해주는 선배. 신입사원이 어설프게 물어봐도 "네가 묻고 싶은 핵심은 이런 거 아니냐?"라고 질문을 고쳐주면서 문제의 본질을 드러내는 사람. 그런 사람 손을 거치면, 질문도 보고서도 갑자기 수준이 달라진다. 우리는 흔히 이런 사람을 '고수'라고 부른다.

AI를 사용할 때도 똑같다. 내가 던진 질문이나 지시가 평범하다면, 답도 평범하다. 하지만 그 질문을 고수의 손에 맡기면 전혀 다른 차원의 답이 나온다. 다행히도 우리는 실제 고수는 옆에 둘 수 없더라도, AI에게 "내 질문을 고수의 방식으로 다시 만들어달라."고 요청할 수 있다. 이 과정을 나는 '프롬프트 튜닝'이라고 부른다. 자동차를 튜닝하면 성능이 달라지듯, 질문을 튜닝하면 답의 질이 달라진다.

질문의 튜닝 : 고수·거장의 눈으로 질문을 튜닝하라

예를 들어 "우리 제품을 어떻게 하면 더 많이 팔 수 있을까?"라는 질문을 해보자. 흔하고 단순한 질문이다. 답변도 가격을 낮추자, 광고를 늘리자 같은 평범한 수준에서 맴돌기 쉽다. 하지만 질문을 고수나 거장들의 방식으로 바꾸면 상황은 완전히 달라진다.

스티브 잡스라면 아마도 이렇게 물었을 것이다. "어떻게 하면 사람들이 이 제품을 미치도록 갖고 싶게 만들 수 있을까? 기능을 넘어 경험 전체를 욕망의 대상으로 바꾸려면 어떻게 해야 하는가?" 잡스의 질문은 단순히 판매가 아니라 욕망의 설계로 시선을 옮긴다.

워런 버핏이라면 "이 제품이 5년, 10년 뒤에도 여전히 필수적인 가치를 줄 수 있는가? 그렇다면 그 가치를 지키기 위해 우리는 무엇을 해야 하는가? 경쟁자가 쉽게 따라올 수 없는 우리의 해자 moat는 무엇인가?" 버핏의 질문은 단기 성과가 아닌 장기적 가치와 지속 가능성에 초점을 맞춘다.

소크라테스는 전혀 다른 식으로 접근한다. "정말 '더 많이 팔아야 한다'는 전제 자체가 옳은가? 우리는 고객의 진짜 문제를 제대로 이해하고 있는가? 혹시 문제를 잘못 정의한 건 아닌가?" 소크라테스의 질문은 전제를 의심하고 근본을 되묻는다.

이렇게 하나의 질문이 세 사람의 렌즈를 거치면, 단순한 판매 고민이 경험의 혁신·지속 가치·문제 재정의라는 전혀 다른 방향으로 확장된다. 답변의 깊이와 폭이 달라지는 것이다.

질문을 어떻게 튜닝할 것인가?

평범한 질문을 AI에게 던지면서 이렇게 말해보라.

"내 질문을 인류 최고의 전문가 3명의 관점에서 본질을 파악할 수 있는 질문으로 재구성해줘."

그러면 AI는 전문가의 렌즈를 빌려 내 질문을 세공해준다. 평범한 질문이 고수의 질문으로 탈바꿈하는 것이다. 이 방식을 활용하면 우리는 언제든 가상의 멘토단을 곁에 둘 수 있다. 잡스의 창의력, 버핏의 통찰, 소크라테스의 철학적 사고를 내 옆에 불러놓고 조언을 얻는 셈이다. 이것이 프롬프트 튜닝이다.

팀 성과가 떨어진 상황을 가정해보면 통상은 이렇게 묻는다.

질문 : "팀 성과를 어떻게 높일 수 있을까?"

튜닝 : 팀 성과를 어떻게 높일 수 있을까? 이 질문을 인류 최고의 전문가 3명의 관점에서 본질을 파악할 수 있는 질문으로 재구성해줘."

질문은 다음과 같이 변한다.

1. 에이미 에드먼슨(조직심리학자)

"우리 팀에서 구성원들이 실수를 인정하고 질문하는 것을 두려워하고 있는가? 심리적 안정감이 확보된 환경에서 구성원들이 자유롭게 의견을 제시하고 있는가? 팀 내에서 학습과 개선을 위한 건설적 갈등이 일어나고 있는가?"

2. 짐 콜린스(경영 구루)

"우리 팀에서 '적합한 사람'들이 '적합한 자리'에 앉아 있는가? 팀의 핵심 목적 Core Purpose 이 명확하게 정의되어 있고, 모든 구성원이 이를 체화하고 있는가? 우리는 지금 위대함으로 가는 길 Good to Great 위에 있는가, 아니면 그냥 바쁘기만 한가?"

3. 피터 센게(시스템 과학자)

"팀 성과가 낮은 이유가 개인의 무능함 때문인가, 아니면 시스템 구조 자체의 문제인가? 성과 저하를 만드는 악순환 고리를 찾아내라. 팀원들이 믿고 있는 가정(예: '더 열심히 하면 된다')과 현실(과로→번아웃→더욱 저하되는 성과) 사이의 간극을 발견하라. 개인이 아닌 시스템을 고쳐야 문제가 해결된다."

[프롬프트 튜닝 예시 2]

질문 : "우리 회사의 브랜드 인지도가 낮은데, 어떻게 강화할 수 있을까?

튜닝 : "우리 회사의 브랜드 인지도가 낮은데, 어떻게 강화할 수 있을까? 이 질문을 인류 최고의 전문가 3명의 관점에서 본질을 파악할 수 있는 질문으로 재구성해줘.

AI가 재구성한 질문은 다음과 같아진다.

1. 마티 뉴마이어(브랜딩 구루)

"우리 브랜드가 고객에게 '느낌'으로 전달하는 것은 무엇인가? 고객이 우리를 경험할 때 머릿속에 떠오르는 감정적 연결고리는 무엇인가? 우리의 브랜드 DNA가 모든 터치 포인트에서 일관되게 표현되고 있는가?"

2. 알 리스(포지셔닝 대가)

"고객의 마음속에서 우리가 '첫 번째'가 될 수 있는 카테고리는 무엇인가? 우리만이 소유할 수 있는 단어나 개념은 무엇인가? 경쟁사들과 정면승부를 피하고 우리만의 새로운 전장을 만들 수 있는 방법은 무엇인가?"

3. 도널드 밀러(스토리텔링 전문가)

"우리 브랜드 스토리에서 고객이 주인공이고 우리는 어떤 역할을 하는가? 고객이 해결하고자 하는 근본적인 문제와 갈등은 무엇이며, 우리는 어떤 가이드 역할을 할 수 있는가? 고객이 우리와 함께했을 때 얻게 되는 변화와 성공은 무엇인가?”

질문을 레벨 업 하면 답도 레벨 업 된다

평범한 질문은 평범한 답을 부른다. 하지만 거장의 눈으로 재구성된 질문은 새로운 차원의 통찰을 끌어낸다. AI를 통해 우리는 언제든 가상의 멘토단을 옆에 둘 수 있다. 질문을 어떻게 던지느냐에 따라 답의 무게가 달라진다.

질문을 레벨 업 하라. 그러면 답도 반드시 레벨 업 된다.

노하우2. AI에게 질문을 시켜라

AI와 대화를 하다보면 원하는 답이 바로 나오지 않을 때가 있다. 정보를 더 주어야 할 것 같아 계속 입력하게 되지만, 때로는 내가 설명을 늘어놓기보다, AI에게 먼저 필요한 질문을 던지도록 시키는 것이 훨씬 효과적일 수 있다.

예를 들어 경험 많은 전문가와 상담할 때를 떠올려보자. 컨설턴트든, 의사든, 노련한 코치든 우리가 문제를 늘어놓은 뒤 답을 기다릴 때, 빨리 답하기보다 이렇게 묻는 경우가 많을 것이다.

“잠깐, 몇 가지 질문을 먼저 드려도 될까요?”

그 질문은 우리가 미처 말하지 못한 부문을 드러내게 해, 더 정확한 진단에 도움이 된다. 우리 스스로도 질문을 받다보면 의외로 생각하지 못한 부문을 발견할 수도 있다. AI에게도 좋은 답변을 가져올 수 있게 질문을 시켜보자.

"답변하기 전에 더 나은 결과를 위해 필요한 질문을 먼저 해줘."라고 지시하는 순간, AI는 나와 함께 사고를 확장하는 협력자가 된다.

사실 우리는 일상에서도 이런 경험을 자주 한다. 회사 회의에서 팀장이 "혹시 이해 안 되거나 빠진 부분 있으면 꼭 질문해달라."고 열어두면, 구성원들이 놓친 점을 확인하며 오해를 줄일 수 있다. 어떤 경우는 질문을 유도하는 그 한마디가 프로젝트 성패를 가르는 아이디어를 찾는 계기가 되기도 한다.

학교 수업에서 선생님이 "모르면 그냥 넘어가지 말고 꼭 물어라."고 강조하는 것은, 학생이 제대로 이해해야 다음 단계로 나아갈 수 있기 때문이다. 하버드 교육심리 연구에 따르면 질문할 기회를 얻은 학생은 수업 내용을 두 배 오래 기억한다고 한다.

의사와 환자의 상담에서 의사가 "다른 불편한 증상은 없으세요? 생활 습관 중 말씀 못 하신 부분이 있나요?"라고 되묻는 순간, 진단의 정확도가 올라간다. 작은 질문이 환자가 놓친 단서를 드러내는 것이다.

AI와의 협업도 이와 다르지 않다. 내가 원하는 답을 찾고 싶다면, 단방향 지시에서 멈추지 말고 질문을 유도해보라. "혹시 더 알아야 할 게 있으면 먼저 나에게 물어봐."라고 요청하는 순간, AI는 단순한 답변자가 아니라 나와 함께 사고를 확장하는 협력자가 된다.

결국, 질문을 유도하라는 말은 곧 관계를 협업형으로 전환하는 장치다. 교사와 학생, 리더와 팀원, 의사와 환자, 가족과의 대화가 그렇듯이, AI와의 소통에서도 마찬가지다. 일방적으로 답을 요구하는 것보다 서로 묻고 답하는 과정을 열어두면 훨씬 깊이 있는 해답이 도출된다.

AI에게 질문을 시키는 사례

- **전략 기획 시 :** "전략을 세우기 전에 현황을 파악하기 위해 필요한 질문부터 해줘. 내부 역량, 시장 환경, 제약 조건 등을 빠짐없이 짚을 수 있도록."
- **문제 해결 시 :** "해결책을 제시하기 전에 원인을 밝히기 위한 질문을 먼저 해줘. 5Why 기법처럼 근본 원인까지 갈 수 있도록 계속 '왜 Why?'를 물어봐."
- **프로젝트 기획 시 :** "계획을 세우기 전에 성공을 위해 필요한 요소를 질문해줘. 목표, 자원, 이해관계자, 제약 조건을 모두 포함해서."

이처럼 상황별로 AI가 먼저 질문하도록 만들면, 내가 놓칠 수 있는 부분을 꼼꼼하게 짚어준다. 이는 단순히 답변을 '받는' 관계가 아니라, 정보를 주고받으며 함께 답을 찾아가는 협력 관계로 전환하는 것이다.

왜 질문 유도가 중요한가

많은 사람들이 AI에게 한 번에 '정답'을 기대한다. 간단한 검색이나 요약은 가능하지만, 새로운 아이디어를 찾거나 문제 해결이 필요할 때 대부분은 좋은 답이 바로 나오지 않고 계속 묻고 답하는 과정 속에서 다듬어지고 구체화된다.

앞에서 말했듯이, 인공지능의 MBTI는 대부분 "P형(반응형)"이다. 즉, 질문에 따라 유연하게 반응하도록 설계되어 있다는 뜻이다. 우리가 원하는 답을 얻으려면, 이 특성을 활용해야 한다. AI는 반응하며 성장하는 도구이자, 질문을 통해 함께 사고하는 파트너다. 서로 묻고 답하며 이해도를 높여가는 과정 속에서 더 좋은 해답을 발굴해낼 수 있다. AI에게 먼저 질문을 던지게 하는 순간, 대화는 협업으로 바뀐다. 내가 놓친 부분을 짚고, 새로운 시각을 제시하며, 더 좋은 길로 안내하는 동료가 된다.

노하우 3. AI를 악마의 변호인으로 활용하라

사람은 누구나 자기 생각을 뒷받침하는 정보에 더 솔깃하고, 마음이 기운다. 이게 바로 확증편향이다.

다이어트를 시작한 사람은 '간헐적 단식 성공 사례'만 찾아보고, 실패 사례나 부작용은 외면하려 한다. 기업에서도 "이 전략은 반드시 성공할 거야."라는 믿음이 자리 잡으면, 반대 근거나 실패 가능성은 눈에 잘 들어오지 않는다.

경험 많은 리더들은 이를 잘 알고 있다. 그래서 회의 중에 일부러 이렇게 묻곤 한다.

"좋습니다. 그런데 혹시 반대 논리나 리스크는 없을까요?"

이 한마디가 때로는 방향을 바꾸고 균형을 회복시킨다.

AI도 마찬가지다. 오래 대화하다 보면 사용자가 원하는 결로 맞추려는 경향성이 생긴다. 그대로 두면 대화가 한쪽으로 쏠리게 된다. 이런 순간에 도움이 되는 개념이 바로 '악마의 변호인Devil's Advocate'이다.

이 표현은 중세 가톨릭교회에서 비롯되었다. 어떤 인물을 성인으로 추대할 때, 업적과 찬양만 나열하면 객관성을 잃을 수 있기에, 교회는 의도적으로 반대 입장에서 흠을 찾는 담당자를 두었다. 그가 바로 '악마의 변호인'이었다. 성인 후보조차 반대 근거와 비판을 통과해야만 정당성을 얻을 수 있다는 지혜가 깔려 있다. 오늘날 이 개념은 회사 전략 회의, 토론, 학습 현장 등에서 '일부러 반대편을 맡아 맹점을 드러내는 역할'을 뜻하게 되었다.

AI에게도 이 역할을 그대로 요청할 수 있다.

"지금부터 악마의 변호인 역할을 해줘. 내가 설명하는 계획이 실패할 수 있는 이유만 정리해줘."

중요한 의사결정을 내리기 직전, '뭔가 빠진 것 같다'는 불안감이 들 때, 또는 한 방향으로만 끌려가고 있다는 느낌이 들 때, 바로 이럴 때 AI에게 제동 장치를 맡기는 것이다. 우리가 놓치고 있던 것을 찾는 데 효과적이다.

조직을 예로 들어보자. 같은 안건을 두고도 부서마다 걱정하는 지점이 다르다.

영업팀은 "고객이 정말 지갑을 열까?"를 묻고, 개발팀은 "이게 기술적으로 가능한가?"를 따진다. 재무팀은 "투자 대비 수익이 확실한가?"를 확인하고, 법무팀은 "규제나 법적 리스크는 없나?"를 검토한다. HR팀은 "필요한 인력을 확보할 수 있을까?"를 살핀다.

AI에게 "이 사안에 대해 각 부서의 관점에서 반대 논리만 이야기해줘."라고 요청하면, 마치 회의실에 여러 부서장이 다 모여 위험 요소를 짚어주는 듯한 효과를 얻을 수 있다. 예컨대 신제품 출시 계획이 있다면 이렇게 요청하는 것이다.

"이제 악마의 변호인 역할을 맡아줘. 영업, 개발, 재무, 법무, HR의 관점에서 신제품 출시 계획에 대해 반대할 부문을 정리해줘."

그러면 AI는 고객 불신, 기술적 난관, 투자 회수 불확실성, 규제 리스크, 인력 부족 같은 현실적인 문제들을 보여줄 것이다. 신제품이 회사의 비밀 이슈라면 구체 정보 없이 신제품이라는 키워드만 넣고도 평균적으로 점검하는 우려 사항을 미리 정리, 대비할 수 있다.

악마의 변호인 역할을 AI에게 맡긴다는 건 내 생각에 제동을 걸고, 맹점이나 모순을 드러내며, 균형 잡힌 사고로 나아가게 만드는 과정이다. 확증편향에서 벗어나 균형 있는 해법을 찾으려면, 때로는 AI에게 일부러 반대편을 맡겨라.

노하우 4. 트리거 프롬프트 : 다른 방향으로 모색하고 싶을 때

AI도 분위기 전환이 필요하다. 회의를 하던 중 내용에 진척이 없으면 종종 이런 말이 나온다. "이번에는 고객 입장에서 다시 보자." "경쟁사라면 이걸 어떻게 볼까?"

같은 사람이라도 어떤 관점으로 보느냐에 따라 전혀 다른 생각이 나오기 시작한다. "지금부터 10살 아이가 된 것처럼 아이디어를 내자." 이 한마디가 회의의 분위기를 완전히 바꾸기도 한다.

AI도 마찬가지다. 처음 설정한 역할과 톤으로만 대화하다 보면 답이 정형화되고 깊이나 창의성이 떨어진다고 느껴질 때가 있다. 이럴 때 AI의 관점을 순간적으로 바꿔주는 '전환 스위치'를 가동해보면 반응과 답이 확연하게 달라진다.

첫째, 역할 전환 트리거

처음엔 '마케팅 전문가 모드'로 시작했더라도, 중간에 역할이나 관점을 전환시켜본다.

"이번엔 고객 입장에서 다시 판단해줘." "경쟁사 입장이 되어 반대 논리를 펼쳐줘." "법무팀처럼 리스크 중심으로 분석해봐."

같은 주제라도 입장을 바꾸는 순간, 새로운 해석이 열린다.

둘째, 사고방식 전환 트리거

AI에게 이렇게 요청해볼 수도 있다.

"비판적 사고로 분석해줘.", "창의적 브레인스토밍 모드로 전환해줘.", "논리적 단계별 설명 모드로 풀어줘."

신제품 아이디어를 원한다면 이런 식으로 요청할 수도 있다.

"지금부터 너는 천재 과학자야. 기존 상식을 깨뜨리는 파격적인 아이디어만 내줘. 실현 가능성은 무시해도 돼." 또는 "10살 아이가 된 것처럼 순수하고 엉뚱한 아이디어를 말해줘."

그러면 기존 관점에선 절대 나오지 않을 기발한 답변이 튀어나온다.

셋째, 대화 스타일 전환 트리거

같은 내용이라도 말투만 바꿔도 느낌이 달라진다.

"친근한 선배처럼 조언해줘." "엄격한 상사처럼 피드백해줘." "호기심 많은 기자처럼 질문해줘."

예컨대, 신입사원이 "업무 개선 방법 알려줘."라고만 하면 교과서적 답이 돌아온다. 그런데 "너는 10년 차 선배야. 회식 자리에서 진솔하게 조언하는 것처럼, 네 실수담도 곁들여 얘기해줘."라고 하면, 훨씬 따뜻하고 현실적인 조언이 나온다.

트리거 프롬프트를 더 강력하게 만들기 위해 아래 내용을 보완해주면 좋다.

구체적인 인물을 지정하는 것이다. '전문가처럼'보다는 '스티브 잡스'처럼, '워런 버핏처럼'이라고 특정하면 훨씬 강력해진다. 상황과 분위기 설정을 넣어주면 더 좋다. "회의실에서 브레인스토밍하는 것처럼", "1:1 멘토링 자리에서처럼"을 붙이면 맥락이 더 살아난다. 대화 중간에도 진행이 막힐 때 "잠깐, 이제 다른 관점에서 생각해보자. 너는 지금부터 고객이야."라고 하면 관점이 바뀐다.

예를 들어 스타트업 대표가 신제품 출시 전략을 준비하면서 AI

에게 '투자자 모드'와 '소비자 모드'를 번갈아 적용할 수 있다. 투자자 모드에서는 "이 사업의 수익성과 리스크는 무엇인가?"라는 질문이 나오고 소비자 모드에서는 "이 제품이 내 지갑을 열 만큼 매력적인가?"라는 질문이 나온다. 같은 데이터와 계획이라도, 모드 전환을 통해 전혀 다른 시야를 얻을 수 있는 것이다.

"사실이란 존재하지 않는다. 해석만 있을 뿐이다."라는 철학자 니체의 말처럼 하나의 관점만이 진리는 아니다. AI도 마찬가지다. 어떤 해석 모드를 켜느냐에 따라, 같은 사실이 전혀 다른 의미로 변한다. 트리거 프롬프트는 그 해석의 스위치를 바꿔주는 도구다.

노하우5. 최고의 프롬프트- 마인드맵 넣어주기

마인드맵은 책 한 권도 쓰게 하는 강력한 프롬프트다. 한 장의 그림이 천 마디 말보다 더 강력할 수 있다.

회사에서 생산적인 회의를 떠올려보자. 말만 오가는 것이 아니라, 누군가 화이트보드에다 복잡한 비즈니스 관계도나 프로젝트 흐름도, 또는 브레인스토밍 결과를 지도처럼 정리하면 이해도가 급격히 높아진다. 왜 그럴까? 텍스트로는 보이지 않던 관계성과 우선순위가 '시각적으로' 드러나기 때문이다. "A 때문에 B가 발생하고, 이것이 C로 이어진다."는 인과관계를 선으로 연결하는 순간, 복잡했던 문제의 구조가 명확해지기도 한다.

AI에게도 그렇게 정보를 넣어주는 방법이 있다. 당신의 생각을 마인드맵으로 정리해 넣어주는 것이다. 새로운 분야의 지식을 쌓거나 개념을 이해할 때 우리는 "아, 이건 저것과 비슷하네.", "그러면 이것도 연결되겠구나." 하며 기존 지식과 연결지어 생각하면 이해가 더 쉬운 경험을 했을 것이다. 꼬리에 꼬리를 무는 연상과 연결의 과정을 시각적으로 그려준다면? 그것이 바로 마인드맵이다.

마인드맵은 중심 주제로 시작해 관련 아이디어나 개념, 정보를 주로 방사형으로 펼치면서 시각적으로 표현하는 사고 정리 기법이다. 일반 텍스트로 "A, B, C, D에 대해 분석해줘."라고 하면 AI는 이들을 동등한 개념으로 인식한다. 하지만 마인드맵에서는 A가 중심이고, B와 C는 A의 하위 개념이며, D는 B와 연관된 별개 영역임을 한눈에 파악할 수 있기 때문에 AI는 단순한 키워드 나열이 아니라 개념 간의 위계와 관계를 정확히 이해할 수 있게 된다. 마인드맵에서는 중심 메시지와 가까울수록, 또는 연결 가지가 굵을수록 중요한 개념이다. AI는 이런 시각적 단서를 통해 어떤 부분에 더 집중해야 할지 알 수 있다. 또한 완성된 마인드맵을 보면 어떤 영역이 부족한지, 어떤 연결고리가 빠져 있는지 파악하기도 쉬우므로 AI도 이런 구조적 빈틈을 쉽게 파악하고 보완 제안을 할 수 있다.

실제로 제미나이에게 "어떤 식으로 지시하는 게 답을 더 잘할 수 있냐."고 물었더니 다음과 같은 답변이 돌아왔다.

"명확하게 말씀드릴 수 있습니다. AI에게 지시할 때는 마인드맵 형태의 지시가 훨씬 더 효과적입니다. 일반 텍스트는 정보를 나열하는 방식이라 AI가 문맥과 중요도를 파악하는 데 시간이 걸릴 수 있습니다. 반면, 마인드맵은 정보의 계층적 구조와 논리적 연결 관계를 한눈에 보여줍니다. 따라서 AI는 핵심 주제와 하위 개념, 그리고 그 사이의 연관성을 훨씬 빠르고 정확하게 이해할 수 있습니다."

AI 스스로 인정한 마인드맵의 효과다. 특히 복잡한 사업 아이디어나 프로젝트 기획처럼 다양한 요소가 얽혀 있는 경우, 마인드맵은 AI가 정보를 체계적으로 처리하고 사용자의 의도를 깊이 이해하는 데 매우 큰 도움이 된다.

실전 활용법 1 : 손으로 그린 마인드맵 전달하기

마인드맵을 활용하는 첫 번째 방법은 직접 그려서 주는 것이다. 회의를 하다가 화이트보드에 정리한 내용이나 노트에 손으로 쓴 것이 있다면 그것을 그대로 사진으로 찍어서 넣어주면 된다.

사례 : 고객 이탈률 증가 문제 해결
고객 이탈률이 20% 증가했다는 문제 상황을 가정해보자. 두 팀장의 접근 방식을 비교해보자.
팀장 A의 지시 : "고객 이탈률이 20% 증가했어. 제품, 서비스, 경쟁 환경을 점검해줘."
팀장 B의 지시 : "고객 이탈률이 20% 증가했어. 제품, 서비스, 경쟁 환경을 점검해주되, 첨부한 마인드맵을 참조해서 각 원인의

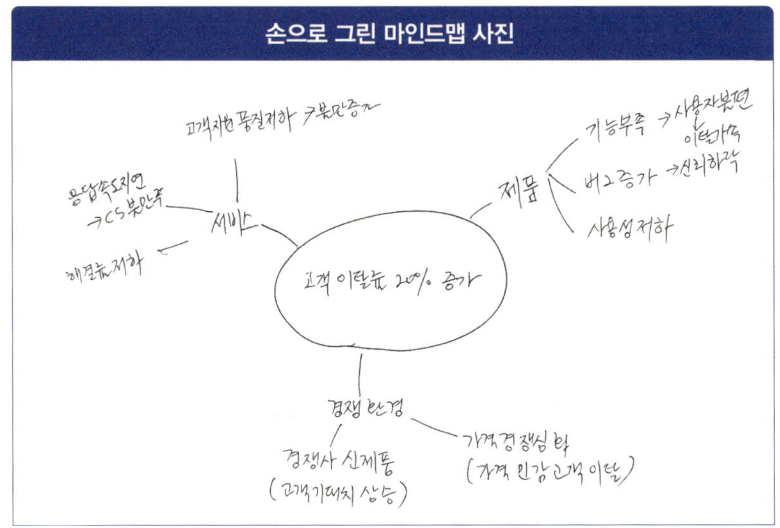

중요도를 평가해 우선 해결 과제를 제시해줘."

누구의 지시가 더 명확할까? 당연히 팀장 B다.

이렇게 손으로 그린 마인드맵을 사진으로 찍어 넣어주거나, 마인드맵을 그리는 앱을 활용해서 첨부해도 좋다. 핵심은 단순한 텍스트 나열이 아닌 관계성이 보이는 구조를 제공하는 것이다.

실전 활용법 2 : 마인드맵 형태로 분석하라고 지시하기

두 번째 방법은 AI에게 마인드맵 형태로 분석을 요청하는 것이다. 이때 중요한 것은 "인과관계와 연결 관계가 드러나도록" 명시하는 것이다.

사례 : 반려동물 건강기능식 사업 검토

회사에서 애완동물 관련 사업 진출을 검토한다고 해보자. 한국은 동물 보험이 없어서 반려동물 의료비가 너무 비싸기 때문에, 사람처럼 미리 건강기능식을 먹여서 병을 예방하자는 아이디어가 나왔다. 사람 건강기능식 시장이 성장한 것처럼, 반려동물 시장도 성장할 것이라는 가설의 타당성을 검토해야 한다.

팀장 A의 지시 : "반려동물 건강기능식품 사업 타당성을 검토해줘."

팀장 B의 지시 : "반려동물 건강기능식품 사업 타당성을 검토해줘. 인과관계와 연결 관계가 드러나는 마인드맵 형태로 해줘."

팀장 A와 팀장 B는 각자 다른 답을 얻게 된다. (AI는 긴 답변을 주었으나 한눈에 비교할 수 있도록 내용을 축약하였다)

① **팀장 A : 텍스트형 답변** (나열식)

시장 규모 : 5조 원, 연 15% 성장

고객 니즈 : 의료비 절감, 예방적 소비 선호

경쟁 환경 : 기존 펫푸드 기업, 신생 D2C 브랜드

리스크 : 규제 불확실성, 제품 신뢰성 부족

팀장 A의 답변에는 정보는 있지만, "무엇이 무엇을 낳는가"가 보이지 않는다.

② **팀장 B : 마인드맵형 답변** (인과·연결 중심)

중심 : 반려동물 건강기능식 사업

의료비 부담 증가 → 예방 수요 확대 → 건강기능식 소비 증가

(시장 성장 요인)

소비자 행동 ↔ 반려견 지출 버짓(의료비·사료 대비) ↔ "병원 1회 비용 > 기능식 1개월 비용" 비교 → 구매 동기 강화

규제 리스크 → 허위·과장광고 단속 강화 → 인증/임상 데이터 확보 필요

사업 전략 → 대상 : 반려견 우선 진출 → 반려묘 확장 → 사업 모델 : B2C 직접 판매 ↔ B2B 병원 연계 → 기술 요소 : IoT 건강관리 앱과 연계 (차별화 포인트)

여기서는 원인 → 결과, 요소 ↔ 요소의 연결이 명확히 보인다.

인과관계와 연결이 보인다는 장점 외에도 마인드맵 검토는 다음 단계를 지시하기가 편하다. 전후 단계로 연결고리가 있으므로 단계별로 선택해서 추가 검증을 요청할 수 있다.

예를 들어 후속 분석 요청 시 :

"의료비 부담 → 예방 수요 확대 연결고리가 실제로 성립하는지 검증해줘."

"병원 1회 비용 vs 기능식 1개월 비용 구체적 금액 비교 분석"

"B2C와 B2B 전략의 상호 보완 효과는 무엇인지"

"IoT 앱 연계가 어떻게 차별화 포인트가 될 수 있는지"

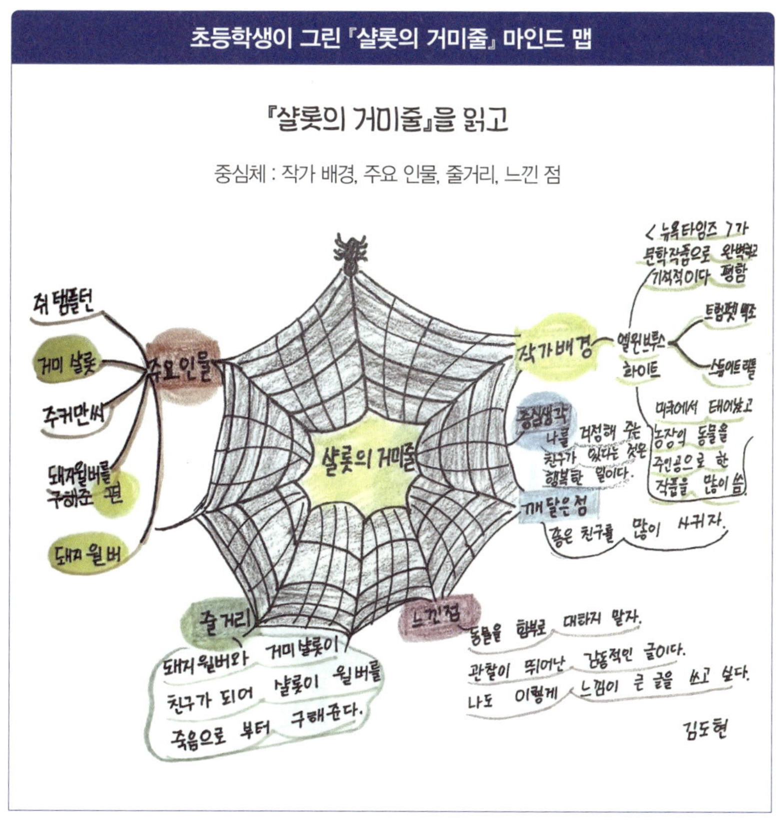

© 김정인

이런 식으로 단순한 분류가 아닌 '관계와 논리'를 중심으로 AI에게 순차적으로 분석을 요청할 수 있다. 훨씬 전략적이고 체계적인 답변이 나온다.

'마인드맵을 그리기가 어렵다'고 말하는 사람들이 있다. 하지만 초등학생도 자연스럽게 활용하는 사고력 도구가 마인드맵이다. 위

그림은 『쑥쑥 논술 머리』라는 책에 나온 초등학생의 마인드맵으로, 『샬롯의 거미줄』을 읽고 독후감을 쓰기 위해 그린 것이다. 이 학생은 중심에 책 제목을 놓고, 주인공 윌버와 샬롯의 우정, 생명의 소중함, 희생과 사랑이라는 주제들을 가지로 뻗어나가며 자신만의 해석을 담아냈다. 복잡한 소설의 내용과 감정을 체계적으로 구조화하면서, 머릿속에 흩어져 있던 생각들이 명확한 관계를 갖게 되었다. 이렇게 마인드맵을 그린 뒤 독후감을 쓰면 한결 수월하고 체계적으로 쓸 수 있다.

마인드맵을 그린다는 것은 자신의 생각을 정리한다는 것이다. 정리되지 않은 생각으로 지시를 하면 AI도 혼란스럽다. 사용자가 마인드맵으로 사고를 체계화한 뒤 지시를 하면 그 결과는 현저히 다르다. 복잡한 문제일수록 AI가 "숲과 나무를 모두 보는" 분석을 할 수 있게 되기 때문이다. 말로만 설명하지 말고 관계를 그려줘라. AI는 "그림"도 읽을 수 있다.

노하우 6. AI의 '번아웃'을 피하는 현명한 지시법

회의에서 상사가 이렇게 말한다고 상상해보자.

"빨리 끝내. 하지만 완벽하게 해. 그런데 비용은 들이지 마."

듣는 순간 머릿속이 복잡해지지 않는가? 무엇부터 손대야 할지 막막하고, 어떤 요구를 우선해야 할지도 알 수 없다. AI도 다르지 않다. 우리가 모순되거나 불명확한 지시를 내리면 AI 역시 방향을 잃고 제대로 된 답을 내놓기 어렵다. 때로 AI가 산만하거나 엉뚱

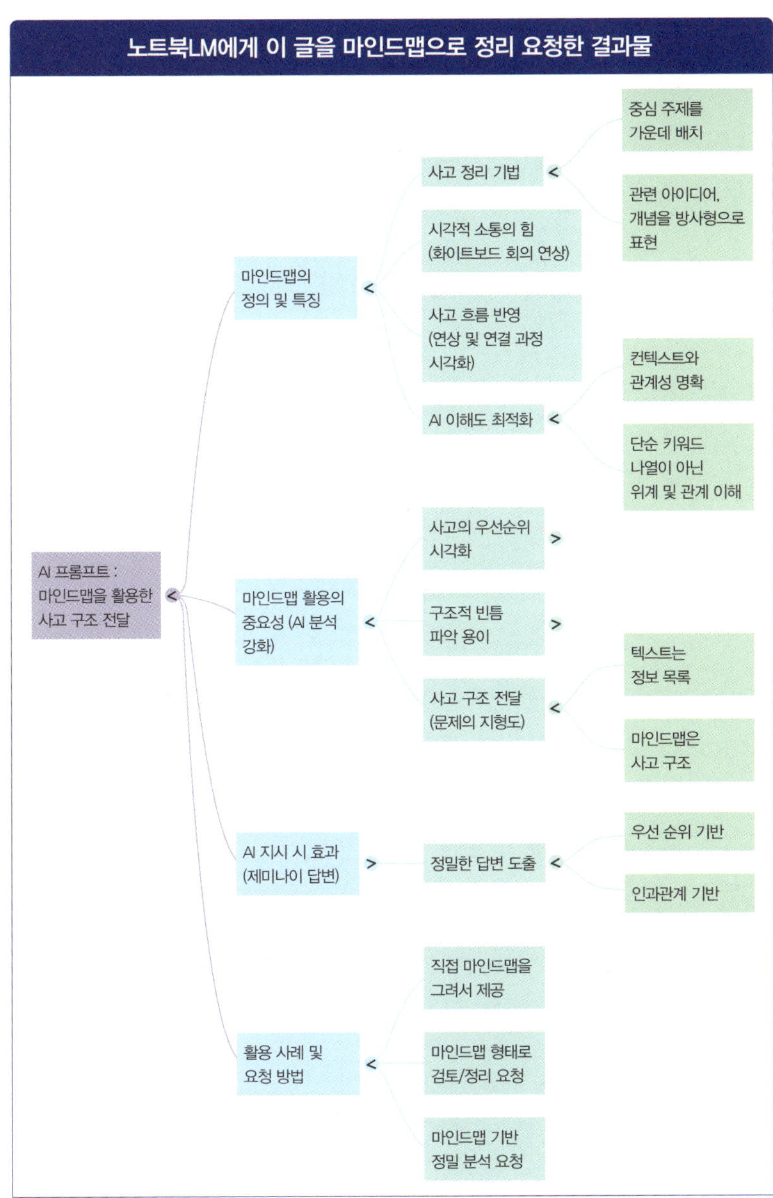
AI 프롬프트 : 마인드맵을 활용한 사고 구조 전달
마인드맵의 정의 및 특징
사고 정리 기법
중심 주제를 가운데 배치
관련 아이디어, 개념을 방사형으로 표현
시각적 소통의 힘 (화이트보드 회의 연상)
사고 흐름 반영 (연상 및 연결 과정 시각화)
AI 이해도 최적화
컨텍스트와 관계성 명확
단순 키워드 나열이 아닌 위계 및 관계 이해
마인드맵 활용의 중요성 (AI 분석 강화)
사고의 우선순위 시각화
구조적 빈틈 파악 용이
사고 구조 전달 (문제의 지형도)
텍스트는 정보 목록
마인드맵은 사고 구조
AI 지시 시 효과 (제미나이 답변)
정밀한 답변 도출
우선 순위 기반
인과관계 기반
활용 사례 및 요청 방법
직접 마인드맵을 그려서 제공
마인드맵 형태로 검토/정리 요청
마인드맵 기반 정밀 분석 요청

한 대답을 할 때가 있다. 그러면 우리의 질문이나 지시를 의심해 보라. 사람이 과부하에 걸리듯 AI도 혼란스러워한다.

다음은 대표적인 혼돈 상황이다.

첫째, 모순된 지시를 할 때

한 마케팅 담당자가 신제품 홍보를 위해 SNS용 짧은 카피를 요청했다. 그런데 동시에 "제품 특징과 가격, 할인 혜택, 배송 정보 까지 전부 포함해달라."고 덧붙였다. 결과는 어땠을까? 짧지도 길 지도 않은 어정쩡한 문구가 나왔다. 간결함과 모든 정보를 다 포 함하라는 상충된 요청에 중간을 선택하기 때문이다.

이럴 때 필요한 것은 우선순위를 정리하는 일이다. "우선은 세 줄짜리 간단한 카피만 만들어줘. 만족스러우면 그다음 단계에서 상세 정보를 추가하자." 이렇게 단계별로 요청하면, AI는 먼저 눈 길을 끄는 카피를 만들고, 그다음에 필요한 정보를 덧붙이는 방식 으로 훨씬 정돈된 결과를 낸다.

둘째, 맥락 없는 지시를 할 때

AI는 중요한 맥락은 이해할 수 있지만, 모든 대화를 기억하지는 못한다. 이는 동료에게 "어제 말한 그거 있잖아."라고 했을 때와 비슷하다. 말하는 사람과 듣는 사람이 떠올리는 '어제 그거'가 서 로 다를 수 있는 것이다.

실제로 "어제 했던 그 자료에서 타깃만 바꿔줘."라고 말하면, AI 는 곤란하다는 듯 "어떤 자료를 말씀하시나요?"라고 되묻는다. 당 연한 반응이다. 맥락이 사라진 요청은 누구에게나 막연하다.

이럴 때는 핵심 배경과 목표를 다시 짚어주어야 한다. "카페 창업을 위한 마케팅 계획서를 다시 작성해줘. 지난번에는 타깃을 대학생으로 설정했는데, 이번에는 2030 직장 여성으로 바꿔서 수정해줘." 이렇게 간단히 정리된 정보를 제공하면, AI는 다시 올바른 방향으로 답을 내놓는다.

셋째, 과도하게 긴 맥락을 한꺼번에 던질 때

반대로, 정보를 한꺼번에 너무 많이 주는 것도 문제다. 한 창업자가 수십 페이지에 달하는 사업계획서를 붙여 넣고 "이걸 요약하고, 문제점도 찾고, 개선안도 제시하고, 투자자 시각에서 평가까지 해달라."고 했다. 결과는 대부분이 성에 차지 않을 것이다.

사람도 한꺼번에 너무 많은 일을 시키면 어디서부터 손대야 할지 몰라 효율이 떨어진다. AI도 마찬가지다. 이럴 때는 요청을 나누어야 한다. "1단계 : 시장 분석 부분만 요약해줘. 2단계 : 수익 모델을 검토해줘. 3단계 : 리스크 요인을 정리해줘." 이렇게 구간별로 나누어 차례차례 진행하면 AI는 훨씬 집중력 있고 정확한 결과를 낸다.

넷째, 금지된 요청을 반복할 때

AI에는 안전장치가 있다. 불법적이거나 해로운 요청이 계속 들어오면 대화를 차단한다. 회사 규정을 계속 어기는 직원에게 경고를 주는 것과 비슷하다. 하지만 요청의 목적을 합법적이고 건설적인 방향으로 바꿔주면, AI는 기꺼이 도움을 줄 수 있다. 예를 들어, 어떤 사용자가 "경쟁사 직원을 어떻게 빼올 수 있을까?"라고 물었다가 점점 "개인정보를 불법으로 수집하는 방법"으로 질문을 바꾼다면 응답을 거부한다. 하지만 의도를 바꾸면 길이 열린다. "경쟁사의 우수한 인재조차도 자발적으로 우리 회사에 지원하고 싶은 마음이 들게 브랜딩 전략을 제안해줘." 이렇게 요청을 합법적이고 건설적인 방향으로 재구성하면, AI는 풍부한 아이디어를 내놓는다.

번아웃된 AI를 되살리는 방법

사람이 번아웃되면 휴식을 주고, 업무를 단순화하고, 스트레스 요인을 줄인다. AI도 비슷하다. 대화가 꼬였을 때는 이렇게 말해 보자.

"앞의 대화는 잊고, 지금부터 새로 시작하자." 또는 "이 문제를 세 단계로 나눠서 차근차근 답해줘."

복잡한 문제를 단순하게 쪼개고, 모호한 요구를 구체적으로 바꾸는 것만으로도 대화는 다시 제자리를 찾는다. 마치 사람이 숨을 고르고 새로 출발하는 것과 같다.

스티브 잡스는 "단순함이 궁극의 세련됨이다."라고 했다. AI와의 대화도 그렇다. 한 번에 모든 걸 다 하려 하기보다 단순하게 시작해서 점진적으로 발전시키는 것이 훨씬 좋은 결과를 가져온다. 빌 게이츠도 말했다. "사람들은 1년 안에 할 수 있는 일을 과대평가하고, 10년 안에 할 수 있는 일을 과소평가한다." AI와의 소통 역시 마찬가지다. 한 번에 완벽을 기대하기보다, 차근차근 단계를 밟으며 대화해야 한다. AI는 마술사가 아니라 현명한 동료다. 현명한 동료를 번아웃에 빠뜨리지 말자.

잘 설계된 프롬프트는 자산이다

• • •

프롬프트를 버리지 마라, 쌓아라

AI와의 소통을 잘하기 위한 노하우를 앞에서 살펴보았다. 육하원칙으로 명확히 지시를 하고, 그 이후에는 거장들의 기준으로 질문의 격상, 역질문 유도, 마인드맵 활용 등이다. 또한 AI의 번아웃을 막고 효율적으로 지시하기 위해 하지 말아야 할 것들도 알아보았다.

여기서 한 걸음 더 나아가 잘 설계된 프롬프트는 개인과 조직의 자산으로 관리해야 한다. 잘 설계된 프롬프트는 재사용 가능한 도구이기 때문이다.

개인 차원 : 나만의 프롬프트 라이브러리 만들기

어제 당신은 AI에게 훌륭한 답변을 얻었고 그것을 활용한 프레젠테이션도 성공적이었다. 그런데 오늘, 비슷한 작업을 또 해야 한다면? 그 긴 질문과 대화의 여정을 다시 시작하려니 아찔할 것이다.

AI와 작업한 결과물이 맘에 들면 그 답은 저장해두지만, 그 결과를 만들어낸 프롬프트를 역설계해서 보관한다는 생각은 하지 못한다. 이건 훌륭하게 완성된 요리는 먹으면서 정작 레시피는 버리는 격이다. 지금부터는 좋은 답변을 가져온 프롬프트를 모아보자. 좋은 프롬프트란 원하는 답변을 얻기 위한 질문이 체계적으로 정리되어 이후에도 다시 쓸 수 있는 것을 말한다.

AI로부터 만족스러운 답을 얻었을 때, 그 순간 AI에게 이렇게 지시해보라.

"방금과 같은 답을 다음에도 안정적으로 얻고 싶어. 이 답이 나온 대화 여정을 분석해서 재사용 가능한 프롬프트로 만들어줘."

그러면 AI는 방금 대화를 토대로 목적, 역할, 맥락, 형식, 제약 조건 등을 뽑아 정리해서 프롬프트를 만들어준다. 이것을 메모장이나 노션에 정리하면 된다. 다음에는 같은 수준의 답을 한 번에 불러낼 확률이 높아지니 다시 백지에서 시작할 필요가 없다. 학생 시절 잘 정리된 노트가 시험 때 큰 힘이 되었던 것처럼, 프롬프트도 그렇다. 오늘 내가 만들고 보관하는 프롬프트는 내일의 나를 돕는 족보가 된다.

예를 들어 김 대리가 매주 월요일마다 주간 시장 동향 보고서를 쓴다고 하자. 매번 AI의 도움을 받지만 내용이 들쑥날쑥했다. 매주 시행착오를 반복했는데, 어느 날, 보고서의 구성과 내용이 좋다는 칭찬을 받는다. 김 대리는 바로 그때 AI에게 "이 보고서 결과가 나오기까지 과정을 참조해서, 현재 보고서 같은 구성과 내용이 나올 수 있게 '주간 시장 동향 보고서'용 프롬프트를 작성해줘."라고 지시하면 된다. 그다음부터는 작성된 프롬프트에 변수만 채워 넣으면 되니, 시간을 현저히 줄일 수 있게 된다.

처음엔 이런 것들이 메모장에 하나둘 쌓인다. 분석용, 기획용, 보고서용, 아이디어용으로 태그를 달아두면 찾기도 쉽다. 조금 익숙해지면 변수 처리를 해본다. 매번 바뀌는 부분은 [ ] 표시를 해두는 것이다. "[제품명 OOO] 마케팅 아이디어 제시"처럼 말이다. 그러면 [ ] 안의 제품명만 바꿔서 계속 쓸 수 있다. 더 나은 결과가 나오면 프롬프트를 업데이트하면 된다.

조직 차원 : 팀의 지식 자산으로

잘 설계된 개인의 프롬프트를 팀 내에 공유하면 전체 생산성이 도약한다. 경험이 부족한 신입사원도 시니어처럼 일할 수 있게 되는 것이다.

예를 들어 박 팀장이 신입사원에게 경쟁사 분석을 맡겼다고 하자. 하지만 신입은 어디서부터 시작해야 할지 몰라 헤맬 것이다. 어떤 데이터를 봐야 하나? 어떤 순서로 분석하나? 어떤 형식으로 정리하나? 박 팀장은 하나하나 코칭해야 할 것이다. 그런데 다음 달에 다른 신입사원에게 그 일을 시켜야 한다면, 또 가르쳐야 할 것이다. 이때 박 팀장의 머릿속에 있는 분석 프로세스를 아래처럼 프롬프트로 만들어서 신입에게 주면 된다.

"1단계는 데이터 수집이다. 경쟁사 3개를 정하고, 제품 가격, 기능,

타깃층, 마케팅 채널을 공개 자료 기준으로 모은다.

2단계는 비교 분석이다. 차이점을 표로 정리하고, 각 항목별 강점과 약점을 명시한다.

3단계는 인사이트 도출이다. '우리가 배울 점' 3가지, '우리가 차별화할 점' 3가지를 뽑는다.

4단계는 액션이다. 당장 적용 가능한 아이디어 1개, 중장기 검토가 필요한 아이디어 1개를 제시한다."

이 프롬프트를 신입에게 주면, 신입도 구조화된 분석을 할 수 있다. 팀장의 사고방식이 프롬프트라는 형태로 전수된 것이다. 이렇게 각 팀의 베스트 프랙티스가 프롬프트로 축적되면 누군가 퇴사해도 그의 노하우는 프롬프트 안에 남는다. 신입이 와도 2주면 팀의 일하는 방식을 습득한다. 그리고 누군가 더 나은 방법을 발견하면 프롬프트를 업데이트하면 된다. 조직의 지식이 살아 숨 쉬며 진화하는 것이다.

코딩 업계를 제외하고 업무나 비즈니스 프롬프트를 자산처럼 관리하는 조직은 아직 소수다. 대부분은 여전히 결과물만 복사하고, 프롬프트는 버린다. 매번 백지에서 시작한다. 그래서 지금 시작하는 것이 경쟁력이다. 남들이 휘발시키는 것을 당신은 축적할 수 있다.

프롬프트 라이브러리 만드는 법

첫째, 만족스러운 AI 답변을 받았을 때 멈춰서, AI에게 "이 답을 다시 받을 수 있는 프롬프트를 만들어줘."라고 물어본 뒤 나온 것을 따로 저장해둔다.

둘째, 자주 쓰는 작업을 템플릿화한다. 주간 보고서, 회의록 정리, 아이디어 브레인스토밍. 뭐든 '나만의 프롬프트'를 만들어본다. 마음에 들지 않으면 계속 업그레이드하면 된다.

셋째, 팀에 하나라도 공유한다. "이거 진짜 잘 돼요." 하는 프롬프트 하나만 팀 채팅방에 올린다. 다른 사람 피드백을 받아서 함께 개선한다.

조직 차원에서 시작은 간단하다. 각 팀의 리더가 자신의 '베스트 프롬프트' 3~5개를 제출한다. 실제 성공 사례와 함께. 그것을 공통 형식으로 정리한다. 역할, 맥락, 조건, 형식 같은 기본 구조를 맞추고, 바뀌는 부분은 변수로 표시한다. 사용법 가이드를 짧게 붙이면 더 좋다. 이렇게 만든 프롬프트 라이브러리를 사내 공유 문서에 올린다. 신입 온보딩 자료에도 포함시킨다. 그리고 분기마다 한 번씩 업데이트한다. 새로운 인사이트가 생기면 추가하고, 안 쓰는 건 정리한다.

프롬프트 자산화의 실제 효과

김 대리처럼 프롬프트를 자산화하면 반복 작업 시간이 2시간에서 15분으로 줄어들 것이다. 품질도 안정될 것이다. 예전엔 10

번 시도해서 3번 성공하면 다행이었는데, 이제는 10번 중 8번은 만족스러운 결과를 얻을 수 있을 것이다. 매번 새로 시작하던 학습 곡선이 이제는 누적 발전이 될 것이다.

박 팀장의 팀처럼 조직 차원에서 활용하면 신입 온보딩 기간이 3개월에서 2주로 단축될 수 있다. 같은 팀원들인데도 결과물 편차가 ±40%에서 ±10%로 줄어들 것이다. 맥락을 공유하는 데 걸리는 시간이 거의 사라질 것이다. 프롬프트만 공유하면 바로 협업이 시작될 수 있다.

조직 전체로 보면 더 놀라운 효과가 기대된다. 퇴사자가 생겨도 그의 노하우가 보존될 것이다. 한 팀의 베스트 프랙티스가 다른 팀으로 즉시 전파될 것이다. 같은 실수를 반복하지 않게 될 것이다. 프롬프트 라이브러리 안에 실패 사례도 함께 기록되기 때문이다.

프롬프트를 자산으로 관리하자

건축가는 매번 집을 지을 때마다 '기둥을 어떻게 세울까'를 고민하지 않는다. 이미 검증된 설계 원칙이 있고, 상황에 맞게 조합할 뿐이다. 프롬프트도 마찬가지다. 매번 백지에서 시작할 필요 없다. 오늘의 성공이 내일의 시작점이 되고, 한 사람의 노하우가 팀 전체의 표준이 된다.

잘 만들어진 프롬프트는 업무 프로세스를 구조화하고, 전문가의 노하우를 캡슐화하며, 신입도 시니어처럼 일할 수 있게 하는 재사용 가능한 자산이다.

프롬프트를 자산으로 구축하는 것은 개발자 업계에서는 흔한 일이다. 한 개발자가 프롬프트를 만들면 팀 전체가 변수(예 : [티켓 번호])만 바꿔 재사용할 수 있다. 그러나 일반 비즈니스 분야에서는 미미하다. 회사가 대규모 AI 프로젝트는 추진하면서도 현장의 잘 설계된 프롬프트를 조직적으로 자산화하지 못하고 개인의 노하우로만 남거나 휘발되는 것은 아까운 일이다. **기업에서 프롬프트를 'AI 자산'으로 측정**(사용 횟수, 생산성)**하며 관리하거나 Prompt Governance 프레임워크를 도입해 역할**(프롬프트 검증자, 관리자 등)**을 명확히 하고, 라이브러리를 만드는 것을 추진해야 한다.**

프롬프트 관리는 현장의 실질적 생산성을 현저히 높인다. 2주 만에 팀의 노하우를 익히고, 퇴사자의 지식이 조직에 고스란히 남는다. 이는 단순한 효율성을 넘어, 조직의 지적 자본을 키우는 일이다.

지금 프롬프트를 버리고 있다면, 경쟁력을 잃고 있는 셈이다. 매번 백지에서 시작하지 말고, 오늘의 성공을 내일의 표준으로 만들자. 프롬프트 관리는 개인의 아이디어가 조직의 자산으로 진화하는 첫걸음이다.

Chapter 3

내 한계를 뛰어넘는
AI 활용법

AI를 오래, 깊이 쓰다보면 AI가 아무리 뛰어나도 결국 내가 가진 역량만큼만 활용할 수 있다는 것을 깨닫는 순간이 온다. 나의 능력이 곧 나의 AI 세상, 영토를 한정한다. 그렇다면 이 영토를 확장하려면 어떻게 해야 할까?

큐레이션과 AI 스토밍이 그 방법이다.

큐레이션은 다양한 분야의 지식과 아이디어를 연결해 새로운 가치를 뽑아내는 방법이다. 포드가 도축장을 방문해 자동차 컨베이어 벨트 아이디어를 떠올린 것처럼, 다이슨이 날개 없는 선풍기 아이디어를 항공 역학에서 찾은 것처럼, 그런 '영감'의 순간과 '이종의 연결'을 AI를 활용해 의도적으로 만들어내는 것이다.

AI 스토밍은 "스티브 잡스와 워런 버핏이라면 이 문제를 어떻게 풀까?" 하고, 인류 최고의 현자들을 불러내어 그들의 지혜를 통해 새로운 관점과 영감을 얻는 브레인스토밍 방법이다. 서로 다른 가치와 철학을 가진 현자들이 각자의 관점에서 나의 문제를 재정의하고 지혜로운 질문을 던져준다. 현자들의 질문은 더 깊은 생각으로 이끌어주는 최고의 비즈니스 코치를 옆에 둔 것과 같다. 이 방식들을 통해, 우리는 각자의 한계를 돌파하여 창의적인 해법을 찾아가게 된다.

AI 큐레이션 : 고르고 연결하라

AI 활용의 4단계 : 서치, 리서치, 큐레이션, AI 스토밍

• • •

AI를 활용할수록 느끼는 것은 아무리 AI가 뛰어나도 결국 내가 가진 역량만큼만 활용할 수 있다는 것이다. AI의 무한한 지식을 꺼내쓰는 나의 능력이 나만의 AI 범위를 결정짓는다. 같은 도구를 손에 쥐고도 누군가는 단순한 요약만 받고, 또 다른 이는 깊은 인사이트를 얻으며, 어떤 이는 전혀 새로운 시각을 발견한다. AI는 결국 내가 던지는 질문과 지시의 깊이에 따라 달라지는 거울이다.

그렇다면 내 능력을 키우고 나의 한계를 넘어 AI를 활용하려면 어떻게 해야 할까?

이 질문의 답으로 나는 '큐레이션'과 AI와 브레인스토밍하는 'AI 스토밍'을 제안한다. 큐레이션과 AI 스토밍을 이해하기 위해 AI 활용 방식의 서치-리서치-큐레이션-AI 스토밍의 4단계 흐름을 먼저 살펴보자.

서치와 리서치 : 이미 있는 정보를 찾기

AI 활용은 서치와 리서치가 가장 많다. "마케팅 4P가 뭐야?", "스테이블 코인이 뭐야?" 같은 간단한 질문에서 시작해 "2024년 전기차 시장 동향과 향후 3년 예측을 표로 정리해줘.", "우리 브랜드와 맞는 MZ세대 트렌드를 조사해 분석해줘." 같은 리서치 단계가 대부분이다. AI는 자료를 수집하고 정리하며 시장 조사 도우미이자 보고서 조력자로 활약한다.

하지만 한계가 있다. 서치와 리서치는 이미 있는 정보를 찾아야 할 때 주로 쓴다. 기존의 데이터와 예측 가능한 질문 안에서만 움직이기 때문에, 뾰족하고 남다른 관점을 얻기는 어렵다. 차별화된 통찰은 결국 사용자가 스스로 고민하며 길어 올려야 한다. 이 스스로 걷는 단계를 돕는 것이 바로 큐레이션과 AI 스토밍이다.

큐레이션 : 창의적 해답을 위해 고르고, 연결하라

큐레이션은 겉보기에 무관한 것을 골라 연결을 요청하는 방식이다. AI에는 있으나 시키지 않으면 가져오지 못하는 것, 또는 AI 안에는 없는 창의적이고 흥미로운 결과를 만드는 단계다.

기업이 경쟁 전략을 고민한다고 해보자. 리서치 단계에서는 보통 경쟁업체만 비교한다.

"넷플릭스의 경쟁사를 분석해줘."라고 묻는다면 디즈니 같은 경쟁 플랫폼 비교가 나올 것이다. 하지만 "넷플릭스의 경쟁자는 잠이야. 고객이 잠을 포기할 만큼, 약속을 미루고 싶을 만큼 넷플릭스가 매력적이려면 어떻게 해야 할까?"라고 관점을 바꾸는 순간 AI의 답은 다른 차원으로 확장된다. 나이키도 경쟁자를 아디다스가 아니라 게임, 영상 플랫폼 등 '소비자의 여가 시간'으로 보며 경쟁 전략을 만든다. 큐레이션 접근은, 이처럼 무관해 보이지만 본질적으로는 연결되는 것을 뽑아 새로운 가치를 찾아가는 사고방식이다.

최근 주목받은 딥러닝 기술 '딥시크 DeepSeek'도 마찬가지다. GPU 자원이 부족하다는 제약 속에서 그 프레임 안에 갇히지 않고 이들은 "자원이 없을 때, 인류는 어떻게 문제를 풀어왔을까?"라고 '인류의 지혜'로 눈을 돌렸다. 국가의 모든 사안을 국민투표로 결정할 수는 없으니 대의제를 만들어 운영의 효율을 꾀한 것, 전수 조사가 불가능한 영역은 표본을 뽑아 전체를 가늠하는 통계의 원리처럼, 딥시크는 인간 사회의 대의제와 샘플링 원리를 AI 학습 구조에 연결, 적용하여 기존 AI 대비 현저히 GPU를 적게 쓰는 AI를 만든 것이다.

이렇게 드러난 모습은 달라도 맥락과 본질이 통하는 것을 골라내고 서로 연결해 새로운 답을 찾아가는 과정이 큐레이션이다. 무관해 보이던 것들을 하나의 원리로 이어, '아하' 하는 통찰의 순간을 만드는 방법, 큐레이션은 AI 안에 있는 답을 꺼내는 것이 아니라, 연결을 통해 AI 안에 없는 아이디어와 통찰을 길어 올린다.

AI 스토밍 : 현자들에게 영감을 얻어라

마지막 단계는 AI와 함께하는 브레인스토밍, AI 스토밍이다. 고민거리가 있을 때, "만약 스티브 잡스라면 이 문제를 어떻게 풀까?" "워런 버핏이라면 지금 어떤 생각을 떠올릴까?" 그럴 때 우리는 그들의 책을 뒤적인다. 하지만 이제는 AI에게 불러 달라고할 수 있다. 프롬프트 하나로 그의 시각을 불러와 현재의 고민과연결해 조언을 듣고 영감을 얻는 것이다. 그 과정에서 혼자서는절대 떠올리지 못했을 아이디어를 만날 수 있다.

스티브 잡스는 "소크라테스와 대화할 수 있다면 전 재산을 주겠다."고 말했다. 워런 버핏과의 점심 식사에 큰돈을 기꺼이 지불하는 이유도 최고의 지성과의 대화가 주는 통찰 때문이다. 이제우리는 그 상상을 현실로 실현할 수 있다.

AI 스토밍의 핵심은 단순히 답을 묻는 것이 아니라, 위대한 사상가들의 사고방식 자체를 빌려오는 것이다. 예시로, 투자 결정을앞두고 있다면 워런 버핏의 관점을 빌려올 수 있다. AI는 버핏의투자 철학인 '해자 moat', '경영진의 진정성', '이해 가능한 비즈니스모델'이라는 렌즈로 답을 한다. "이 회사만의 경쟁 우위는 5년 후에도 유효한가?", "경영진은 단기 이익이 아니라 장기 가치를 보는

가?”, “나는 이 비즈니스를 정말 이해하는가?” 같은 본질적 질문
이 쏟아진다.

더 좋은 것은 여러 현자를 동시에 불러내는 것이다. 같은 문제
를 놓고 서로 다른 관점을 충돌시키면, 혼자서는 도달할 수 없는
통찰이 생긴다. 다양한 관점이 부딪치는 지점에서 우리의 생각은
깊어진다. 나의 한계를 뛰어넘는 아이디어와 영감을 얻을 수 있게
된다. 예를 들어, 마케터이지만 스티브 잡스의 제품 철학을, 엔지
니어지만 워런 버핏의 투자 안목을, 신입사원이지만 일론 머스크
의 경륜을 빌려올 수 있다. 시공간을 초월해 인류 최고의 지성들
을 내 책상 옆에 불러 앉히는 것이다.

현자들과의 대화를 통해 스스로 답을 찾게 하는 이 방식은 최
고의 비즈니스 코치를 옆에 둔 것과 같다. 정보를 얻는 것을 넘어,
사고방식 자체를 업그레이드하는 경험이다.

이제 무관해 보이는 것을 연결해 통찰을 끌어내는 큐레이션과
전문가와 현자들의 지혜를 더해 새로운 것을 창조해나가는 AI 스
토밍을 다양한 사례를 통해 살펴보도록 하자.

단계별 프롬프트 사례 1 : 신사업 발굴		
레벨	활용 수준	예시
레벨 1 서치	단순 정보 검색	"헬스케어 구독 서비스란 무엇인가?"
레벨 2 리서치	심층 분석 요청	"글로벌 헬스케어 구독 서비스 시장 규모와 최근 3년간 주요 기업 사례를 분석해줘."
레벨 3 큐레이션	창의적 연결과 통합	"헬스케어 구독 모델을 넷플릭스, 스포티파이의 구독 구조와 비교해 우리 회사가 적용할 차별화 포인트를 제시해줘."
레벨 4 AI 스토밍	창의적 문제 해결	"스티브 잡스와 워런 버핏이 함께 우리 헬스케어 구독 모델을 검토한다면, 각각 어떤 질문을 던지고 어떤 혁신 아이디어를 제안할까?"

단계별 프롬프트 사례 2 : 인재 육성		
레벨	활용 수준	예시
레벨 1 서치	단순 정보 검색	"리더십 코칭이란 무엇인가?"
레벨 2 리서치	심층 분석 요청	"IT 업계에서 효과적이라고 검증된 리더십 코칭 프로그램 사례를 정리해줘."
레벨 3 큐레이션	창의적 연결과 통합	"스포츠 코칭 방식과 기업 리더십 코칭 방식을 비교해 우리 회사의 인재 육성 프로그램 개선 방안을 도출해줘."
레벨 4 AI 스토밍	창의적 문제 해결	"빌 캠벨과 피터 드러커가 지금 우리 조직의 리더십 문제를 논의한다면, 어떤 진단과 실행 아이디어를 제시할까?"

큐레이션 : 고르고 연결하는 감각

• • •

요즘 대학교수들 사이에 새로운 고민이 생겼다고 한다. "챗GPT가 쓴 글인지, 학생이 직접 쓴 글인지 구별이 어렵다."는 것이다. 그래서 일부 대학은 아예 AI 사용을 금지하고 있다. 리포트 외에는 학생의 실력을 평가할 마땅한 방법이 없기 때문이다.

이런 장면은 낯설지 않다. 새로운 기술이 등장할 때마다 두려움이 먼저 규제로 이어지는 모습은 역사 속에서도 반복되어왔다. 19세기 영국에서 자동차가 처음 등장했을 때, 마차 산업을 보호하기 위해 정부는 '붉은 깃발법'을 만들었다. 자동차는 시속 6.4km를 넘을 수 없었고, 앞에서는 반드시 사람이 깃발을 들고 걸어야 했다. 지금 보면 우스운 규제지만, 새로운 기술에 대한 두려움이 그만큼 컸던 것이다. 그리고 결국 그 두려움은 영국을 자동차 혁신에서 뒤처지게 했다.

AI도 마찬가지다. 이미 세상에 도착한 기술을 막을 수는 없다. 이제 중요한 것은 "어떻게 인간의 창의성을 확장하는 방향으로 사용할 것인가."이다.

이 방법 중의 하나가 '큐레이션'적 접근이다. 큐레이션은 서로 다른 영역을 고르고 연결해 새로운 아이디어와 가치를 발견하는 능력이다. AI는 분야별로 탁월한 전문가지만, 경영과 역사, 개인 경험과 사회 현상, 또는 도축장과 자동차 공장처럼 동떨어진 영역을 스스로 연결하지는 못한다. 개연성이 없는 연결은 인간이 먼저 지시하지 않으면 시도하지 않는다(앞에서 'AI는 어떤 기준으로 답을 하는 걸까?' 편의 정규 분포 곡선을 떠올려보라). 결국 이질적인 연결을 감행하는 용기와 감각은 인간의 영역이다.

큐레이션이란 무엇인가

큐레이션은 정보를 '고르고' '엮어서' '새로운 맥락을 만드는' 과정이다.

큐레이션은 '돌보다 cura'에서 나온 말이다. 중세에는 영혼을 돌보는 성직자를, 르네상스 이후에는 미술품을 관리하는 사람을 의미했다. 그런데 18~19세기 박물관 제도가 자리 잡으면서 큐레이터는 단순한 보관자를 넘어 작품을 선별하고 해석하여 대중에게 '새로운 의미'를 전달하는 기획자가 되었다.

왜 이런 역할이 필요했을까? 작품이 넘쳐나니 사람들에게 이해시키고, 편안하고 안전하게 가이드를 주는 역할이 필요했기 때문이다.

오늘날 우리가 마주한 현실도 다르지 않다. 비슷한 제품은 넘쳐나고, 데이터와 콘텐츠도 끝없이 쏟아져 나오기에, 중요한 것은 물론 심지어 내가 좋아하는 것조차 고르기 힘들다. 선택을 위해 탐색하는 시간과 고민하는 데 에너지가 더 든다(스티브 잡스가 애플로 돌아와 가장 먼저 한 일이 복잡한 제품 라인업을 정리하고 소비자의 선택지를 줄여준 것과 맥이 통한다).

비슷한 것이 넘쳐나는 시대에는 필연적으로 관점을 가진 선별과 연결의 큐레이션이 부상하게 된다.

예를 들어 넷플릭스는 수많은 콘텐츠를 장르별 분류를 넘어, '요즘 뜨는 작품', '배우별 모음' '크리스마스에 보면 좋은' 등 맥락 중심의 큐레이션을 한다. 스포티파이는 '팝'이나 '클래식' 대신 '아침 커피 타임', '집중할 때 듣는 음악'처럼 상황 중심 큐레이션을 제시한다. 카카오톡 선물하기는 '따뜻한 선물', '웃긴 선물'처럼 감정 중심 큐레이션을 제공하고, 구글 포토는 '1년 전 오늘', '제주도 여행'처럼 시간과 추억 중심 큐레이션을 보여준다. 이 서비스들의 공통점은 명확하다. 단순히 정보를 나열하지 않고, 맥락과 의미를 부여해 연결한다는 것이다.

AI의 한계, 인간의 기회

AI는 모든 분야별로 탁월한 전문가다. 수학을 물으면 수학자가 되고, 법률을 물으면 변호사가 된다. 그런데 아이러니하게도 너무 탁월한 전문가일수록 전체를 보지 못하는 한계가 있다. 직장에서도 전문가 조직일수록 사일로 현상 Silo Effect(부서나 팀이 서로 단절되어 고립된 상태)으로 소통이 잘 되지 않는 것처럼, AI가 먼저 사일로 밖으로 나오지는 않는다. 확률과 패턴, 개연성에 의해 움직이기 때문에 새로운 조합이나 낯선 연결, 확률이 낮은 시도는 '먼저' 하지 않기 때문이다.

바로 이 틈새에서 인간의 역할이 중요해진다. 여러 영역을 넘나들며 지식과 경험을 연결하고, 전체의 맥락을 짜는 능력 말이다. 거기에 경험, 직관을 통해 전혀 맞지 않을 것 같은 연결을 시도하는 것도 인간만의 능력이다. 그 감각에서 새로운 해법과 혁신이 태어난다.

르네상스 시대의 레오나르도 다 빈치가 대표적인 예다. 그는 화가이자 과학자였고, 발명가이자 해부학자였다. 그는 예술과 과학을 따로 구분하지 않았다. '관찰과 상상'이라는 동일한 렌즈로 세상을 바라보았고, 바로 그 통섭의 정신이 새로운 가치를 만들어냈다.

오늘의 AI 시대에도 같다. 전문성 하나에 머무는 사람보다, 서로 다른 분야를 연결하는 감각을 가진 사람이 더 큰 가치를 만든다. 특히나 AI를 통해 누구나 방대한 지식에 접근할 수 있으므로 그것을 어떻게 걸러내고, 어떤 시선으로 엮어 내는지에 따라 해답을 찾아가는 방향과 그 결과물은 현저히 달라진다.

또한 그 감각을 바탕으로 AI에게 수백 번의 연결 실험을 시킬 수 있다면, 더 이상 포드의 도축장 같은 영감을 우연에 의존하지 않고 '재현 가능한 창의'로 만들 수 있다.

대학으로 돌아가보자. 교수들이 진짜 평가해야 할 것은 학생이 AI를 썼는지 안 썼는지가 아니다. 학생이 AI가 제공한 정보들을 어떻게 선별하고, 자신의 경험과 생각을 어떻게 연결하며, 어떤 새로운 맥락을 만들어내는지를 봐야 한다. 그것이 바로 큐레이션 능력이고, AI 시대에 진짜 필요한 역량이다.

AI가 논리의 끝에서 서성일 때, 인간은 직관의 문을 연다. AI가 개연성을 따질 때, 인간은 불가능한 연결을 시도한다. 정보가 넘칠수록, 경험과 직관과 도전으로 고르고 연결하는 감각이 곧 힘이 된다.

그렇다면 이 큐레이션 능력은 어떻게 기를 수 있을까? 특별한 재능이 필요한 것도, 전문가만 할 수 있는 것도 아니다. 일상에서 '연결하는 습관'을 들이는 것으로도 충분하다. 당장 시작할 수 있는 사례부터 살펴보자.

일상의 큐레이션 쉽게 하기

큐레이션 역량을 키우는 실전 방법

큐레이션 역량을 어떻게 키워나갈 수 있을까? 길게는 경영과 기술, 인문학과 역사 등 다분야를 넘나들며 다양한 지식과 인문학적 체력을 근본적으로 키우는 것이다. 당장 할 수 있는 것으로는 일상에서 연결점 찾기 훈련이다. 일상에서 만나는 모든 정보에 "이것과 연결될 수 있는 다른 것은?"이라고 질문하는 습관을 갖는 것이다.

예를 들어 뉴스를 볼 때 "이 사건이 우리 업계에 시사하는 바는?" 영화를 본 후 "이 스토리 구조를 비즈니스에 적용한다면?" 여행에서 본 문화적 차이를 "우리 조직 문화 개선에 어떻게 활용할까?" 같은 것이다.

스티브 잡스는 "창조성은 서로 다른 것들을 연결하는 것"이라고 말했다. AI 시대에 이 말은 더욱 중요해졌다. AI가 정보를 제공하지만, 그것을 맥락화하고 연결해서 새로운 의미를 만드는 것은 여전히 인간의 몫이기 때문이다. 먼저 일상의 연결 사례를 살펴보자.

1. 정보와 의미의 연결 : 와인 선택에서 배우는 큐레이션

중요한 고객과의 저녁을 위해 와인을 준비한다면, 대부분은 포도 품종, 생산 지역, 빈티지 같은 기본 정보만 고려한다. 하지만 진정한 큐레이션은 정보가 아닌 의미를 연결하는 것이다. 고객의 성장 스토리나 승진, 축하, 위로 같은 특별한 순간의 의미를 읽고, 그에 걸맞은 스토리를 가진 와인을 선택하는 것. 이것이 정보에 감각을 더한 선택, 관점을 가진 선별이다. 큐레이션은 정보를 고르되, 한 발 더 나아가 내가 가진 지혜와 통찰로 '의미의 차이'를 만들어내는 힘이다.

프롬프트 예시

"너는 최고의 소믈리에야. 고객과 만찬을 위한 와인을 추천해줘. 고객은 50대 초반의 마케팅 전문가야. 가족들과의 화목을 중요시하고 본인이 최고라는 자부심도 높은 그가 승진을 했어. 그에게 오늘 어울리는 와인을 3가지 준비하고 싶어. '1) 가족처럼 함께하는 행복한 시간, 2) 승진을 축하하고 앞으로 더 도약하세요 3) 우리 함께 오래도록 같이 가요'라는 주제로 준비하는 거야. 여기에 맞는 와인을 추천하되, 와인 이름만 보아도 그 의미를 알 수 있게 쉽고 직관적인 이름이면 좋겠어."

와인의 객관적 정보와 그 순간의 감정적 의미를 연결해서 새로운 가치를 만드는 것. 이것이 큐레이션이다. AI에게 단순히 "좋은 와인 추천해줘."라고 하는 것과는 차원이 다른 맥락과 의미가 있는 결과를 얻을 수 있다.

2. 맥락이 같은 역사와 현재의 연결 : 불안의 본질 읽기

AI로 인해 일자리를 잃을까 두려운 지금의 상황. 어떤 방향으로 전개될까? 어떤 역량을 키워야 할까? 이런 고민이 들 때, 비슷한 충격을 겪은 시대를 찾아 연결해보는 것이다. 핵심은 200년의 시간 차이를 넘어 인간이 느끼는 불안의 본질이 같다는 것이다. 과거 산업혁명 당시의 흐름에 질문을 던져보자.

맥락이 같은 시점을 연결하면 단순한 정보를 넘어 인간 경험의 본질적 패턴을 읽어낼 수 있다. 기술은 바뀌어도 인간이 변화에 대응하는 방식의 원리는 비슷하다는 통찰을 얻는 것이다.

3. 다른 영역의 원리 차용하기

최근 '크레이지 리치 코리안'이라는 예능 프로에서 마에스트로 장한나가 단 5분 만에 네덜란드 로열 콘세르트헤바우 오케스트라를 사로잡는 모습을 봤다. 이때 '리더십의 본질은 분야를 넘어

통한다'는 생각이 들었다. 오케스트라 지휘와 기업 경영, 전혀 다른 분야지만 본질적 원리는 같지 않을까?

연결하는 사람이 되라

큐레이션 역량은 정보를 수집하는 힘이 아니라 서로 다른 세계를 연결해서 새로운 의미와 가치를 찾는 힘이다. 이를 강화하는 가장 좋은 방법은 일상에서 끊임없이 '연결 질문'을 던지는 습관이다. 와인에서 '의미를 연결'하고, 역사에서 '과거와 현재를 잇고' 음악에서 '자신의 고민의 답을 찾는' 연결처럼 말이다. AI는 요청해야만 연결을 도와줄 뿐, 스스로 이런 연결점을 찾아내지는 못한다. 바로 여기에 인간만의 역할이 있다.

일상적 연결에 익숙해지면, 이제 한 단계 더 나아갈 차례다. 비즈니스에서 진짜 혁신을 만드는 연결이다. 전혀 다른 산업의 기술과 아이디어를 결합해 새로운 가치를 창조했던 포드의 컨베이어 벨트, 다이슨의 날개 없는 선풍기처럼 말이다. 하지만 이런 영감의 순간은 우연에 의존하는 경우가 많다. 우연을 기다릴 수만은 없다. 이제 AI를 활용해 그 '아하!'의 순간을 의도적으로 만들어내는 방법을 알아보자.

전략적 큐레이션 쉽게 하기

· · ·

포드가 도축장을 보고 컨베이어 벨트를 떠올린 것, 다이슨이 항공 역학을 선풍기에 연결한 것, 전혀 다른 영역의 상식을 끌어와 나에게 적용하는 것, 이것이 비즈니스 업계의 전략적 큐레이션이다.

그런데 늘 그런 영감을 주는 현장에 가기 어렵고, 또 갔다 해도 영감을 떠올릴 수 없을지도 모른다. 이런 '아하'의 순간은 대부분 우연에 맡겨진다. 전혀 다른 산업의 상식과 기술을 연결하는 것, 이러한 이종의 결합을 자유롭게 해볼 수는 없을까? 일상과 비즈니스 속에서, 언제든 창의적 연결을 시도해보려면 어떻게 해야 할까?

AI로 해보는 것이다. 서로 다른 영역을 잇고, 엉뚱한 연결에서 새로운 길을 찾는 것. 이때 AI는 답을 주는 도구가 아니라, 생각을 확장시키는 가속기다. 여기서는 이종 결합, 업의 재정의, 한계의 역전 등 6가지 큐레이션 프롬프트로 당신의 '아하!'를 인공적이고 의도적으로 만들어내는 방법을 시도한다.

전략적 큐레이션 프롬프트 활용의 목적 : 훈련과 확장

이제, 서로 다른 분야의 연결을 통해 새로운 가치를 만들어낸 기업들의 공통점을 뽑아, AI로 그 성공의 조합을 가상 시뮬레이션해보는 6가지 프롬프트를 알아보자. 각자의 제품·서비스·기술이라는 울타리 안에서는 상상하기 어려운 기발한 발상을 AI가 도와줄 것이다.

여기서 다루는 '연결'은 6가지 차원으로 확장된다.

1. 서로 다른 산업 간의 연결에서 출발
2. 현재 업의 정의와 새로운 업의 정의를 잇는 연결
3. 한계 상황을 무기로 바꾸는 연결
4. 핵심 가치를 무가치한 것으로 뒤집는 연결
5. 원인과 결과의 순서를 바꾸는 역발상 연결
6. 미래에서 현재를 그려보는 시간 교차 연결

이 프롬프트들은 각각 독립적으로도 의미가 있지만, 여러 개를 조합해 쓰면 훨씬 강력한 통찰을 얻을 수 있다. 이 프롬프트는 정답을 주기 위한 도구가 아니라, 생각의 지평을 넓히는 훈련 도구다. 포드가 도축장에서 자동차 공정을 떠올렸듯, AI는 당신에게 '도축장' 100개를 가져다줄 것이다. 그중 어떤 것이 진짜 영감이 될지는 당신의 직관과 경험, 그리고 시장이 결정한다.

창의성의 본질은 많은 시도다. 천재들도 수백, 수천 번의 시도를 거듭했다. 예전에는 100번의 시도에 수년이 걸렸지만, 이제는 AI 덕분에 몇 시간 만에 100번의 실험이 가능하다. AI는 당신을 천재로 만들어주진 않지만, 천재가 되기 위한 시간을 압축해준다. 시도한 99개가 헛되더라도, 단 하나의 아이디어가 당신의 사업을 바꿀 수 있다면 충분히 도전할 가치가 있다.

이 장의 프롬프트는 결과를 내는 도구가 아니라, 사고의 근육을 단련하는 훈련장이다. 실패의 비용은 낮아졌고, 시도의 속도는 수백 배 빨라졌다. 그렇기에 이 전략적 큐레이션의 의미는 '결과'보다 '과정'에 있다.

마지막으로, 이 프롬프트가 특히 절실한 이들이 있다. 정체기에 빠진 사업가, 차별화 포인트를 찾는 마케터, 새로운 시장을 열려는 리더, 그리고 기존의 방식으로는 답이 없음을 아는 사람. 당신이 그런 사람이라면, 이 6가지 프롬프트를 반드시 실험해보라. 이 짧은 훈련이 당신의 다음 10년을 바꿀지도 모른다.

1) 낯선 분야와 연결하는 프롬프트

기술이나 제품이 현재 속한 산업의 경계에 갇혀 있다고 느낄 때, 혁신적인 제품/서비스 개발이 시급할 때, 경쟁사들과 완전히 다른 차별화 포인트가 필요할 때 우리는 완전히 다른 산업의 기술이나 아이디어를 우리 분야에 적용해보고 싶은 욕구를 느낀다. 이럴 때 활용할 수 있는 프롬프트다. (각 프롬프트의 [ ] 부문은 각자가 해당하는 것을 넣으면 된다.)

[이종산업에서 찾는 아이디어 프롬프트]
당신은 세계적인 융합 전략가입니다. 우리 회사의 핵심 기술/제품인 [자사 기술/제품 입력]을(를) 전혀 다른 산업인 [패션, 예술, 우주항공, 식품, 금융, 레고 블럭 등 낯선 산업 입력] 분야와 결합하여 새로운 가치를 창출하는 비즈니스 모델 3가지를 제안해 주세요.
각 모델은 아래 내용을 포함해야 합니다 :
타깃 고객 : 누구를 위한 제품/서비스인가?
핵심 가치 : 이 결합을 통해 고객에게 어떤 새로운 경험과 가치를 제공하는가?
수익 모델 : 어떻게 돈을 벌 것인가?
잠재적 리스크 : 예상되는 가장 큰 어려움은 무엇인가?

사용 방법

[자사 기술/제품 입력]으로 되어 있는 것에 당신의 상품을 입력하고, [패션, 예술, 우주항공, 식품, 금융 등 낯선 산업 입력] 영

역에 연결하고 싶은 타 산업을 넣고 나서 엔터를 누르면 AI가 답변을 준다. 아래 모든 예시에서 [   ] 안에 본인의 상황, 요구 조건을 넣고 하면 된다.

유념 사항

목표 : 10개 아이디어 중 1개의 '어? 이건…' 아이디어 발견

기대 효과 : 혼자서는 평생 못 떠올릴 관점 획득

주의사항 : AI 제안은 논리적 조합일 뿐, 마음에 드는 아이디어가 나오면 시장 검증은 별개이다.

아이디어 노트 코너

프롬프트에 연결하고 싶은 아이디어를 떠올려 적어보자. 이 아이디어를 연결하면 어떻게 될까 떠올린 다음, AI가 준 답변과 비교를 하면 더 좋다. 또는 이 프롬프트에서 나온 아이디어와 연결되는 생각이 떠오른다면 그것을 적어도 좋다.

2) 업의 재정의 프롬프트 - 재정의를 통해 새로운 가치를 연결한다

회사가 '제조업체', '서비스업체' 등으로 스스로를 제한하고, 기존 사업 영역에서 성장이 정체되어 새로운 기회를 찾아야 할 때, 경쟁사들과 비슷한 제품/서비스 경쟁에 갇혀 있을 때 시도해볼 프롬프트다. 우리가 스스로를 어떻게 정의하느냐에 따라 보이는 기회가 완전히 달라지기 때문이다.

교보생명의 경우 보험업을 '사후 보상'이 아닌 '사람들이 역경을 극복하도록 돕는 일'로 재정의하여 광화문 글판을 통해 시민들에게 희망과 위로의 메시지를 전달하며 긍정적인 기업 이미지를 구축한 것이 그 사례다.

[업의 재정의 프롬프트]

당신은 피터 드러커와 같은 경영 사상가입니다.

우리 회사는 현재 "[현재 업의 정의, 예 : 우리는 자동차를 만드는 회사다]"라고 스스로를 정의하고 있습니다. 이 정의를 고객의 관점에서, 더 높은 차원의 가치로 재정의해 주세요. (예 : 우리는 '이동의 자유'를 제공하는 회사다)

새롭게 정의된 업의 개념을 바탕으로, 우리가 앞으로 진출해야 할 새로운 사업 영역 3가지를 구체적으로 제안하고 그 이유를 설명해주세요.

유념 사항

목표 : 우리 사업의 본질을 새로운 각도에서 발견

기대 효과 : 사업 영역 확장의 실마리 획득

주의 사항 : 높은 차원의 정의가 실제 실행 가능성을 보장하지
는 않는다. 팀 토론을 통해 현실성을 검토하고 기존 역량과의
연결 가능성을 반드시 고려해야 한다.

3) 한계를 무기로 바꾸는 프롬프트 - 한계를 무기로 역발상을 연결한다

예산, 인력, 기술이 부족해서 혁신을 포기하고 있을 때, 대기업과의 경쟁에서 열세에 있다고 느낄 때, 기존 방식으로는 돌파구가 보이지 않을 때 자원이 부족하다는 핑계 대신, 그 제약을 창의성의 원천으로 활용하는 방법이다.

사우스웨스트 항공은 기내식, 지정 좌석, 수하물 연결 등 '서비스를 빼는' 제약을 통해 '저렴한 항공권'이라는 핵심 가치에 집중했고 항공 여행의 대중화를 이끌었다.

[한계를 무기로 바꾸는 프롬프트]
당신은 '적정 기술'과 '린 스타트업'의 대가입니다.
우리 회사가 [제품/서비스 개발]을 하는 데 있어, 예산, 인력, 시간을 현재의 1/10로, 사용 가능한 기술을 5년 전 수준으로 제한한다고 가정해 봅시다.
이 극단적인 제약 조건 하에서, 고객의 핵심 문제를 해결할 수 있는 최소 기능 제품MVP의 콘셉트와 비즈니스 모델을 제안해주세요. 어떻게 이 제약을 창의적인 기회로 전환할 수 있을까요?

유념 사항

목표 : 핵심 가치에 집중하는 단순화된 모델 발견

기대 효과 : 불필요한 복잡성 제거, 본질적 가치 재발견

주의 사항 : 극단적 단순화가 모든 비즈니스에 적합하지는 않

다. 품질 저하와 본질적 단순화를 구분해야 한다. 고객이 정말 원하는 핵심 가치인지 검증이 필요하다.

4) 핵심 가치를 뒤집는 관점 재설계 프롬프트 - 가치를 무가치한 것으로 연결한다

우리 제품의 핵심 기능이 오히려 고객을 제한하고 있다고 느낄 때, 시장이 포화 상태여서 차별화가 어려울 때, 파괴적 혁신을 시도하고 싶을 때 당연하게 여기는 제품의 핵심 가치나 기능을 정반대로 뒤집어보는 방법이다.

보스 노이즈 캔슬링 헤드폰은 '더 좋은 소리'를 전달하는 헤드폰의 본질을 뒤집어 '소리를 없애는' 기능에 집중했다. 시끄러운 환경에서 자신만의 공간과 몰입의 경험을 제공하며 새로운 시장을 창출했다.

[핵심 가치를 뒤집어 재설계하는 프롬프트]

당신은 '파괴적 혁신'의 대가인 클레이튼 크리스텐슨의 정신을 이어받은 경영 컨설턴트입니다.

우리 제품/서비스 [자사 제품/서비스 입력]의 가장 중요하고 핵심적인 기능이나 가치 [핵심 가치/기능 입력]을(를) 정반대로 뒤집거나, 완전히 제거한다고 가정해봅시다.

이 역설적인 상황에서 탄생할 수 있는 새로운 제품/서비스 콘셉트 3가지를 제안해주세요. 이 새로운 콘셉트가 어떤 고객에게, 어떤 새로운 가치를 제공하며, 기존 시장을 어떻게 재편할 수 있을지 설명해주세요.

유념 사항

목표 : 기존 관점을 완전히 뒤집는 발상 획득

기대 효과 : 새로운 시장 기회 발견

주의 사항 : 역발상이 항상 좋은 결과를 만들지는 않는다. 고객이 정말 이것을 원하는지 검증이 필수다. 기존 고객을 잃을 리스크도 고려해야 한다.

5) 원인과 결과를 뒤집는 프롬프트 - 방향을 뒤집어 연결한다

업계의 기존 비즈니스 모델에 의문을 품고 있을 때, 고객 행동 패턴을 새로운 각도에서 이해하고 싶을 때, 혁신적인 마케팅 전략이 필요할 때 'A 때문에 B가 발생한다'는 고정된 인과관계를 'B 때문에 A가 발생한다'로 순서를 바꿔보는 방법이다.

구독 박스 모델(버치박스 등)은 '마음에 드는 화장품을 발견하고 구매한다'는 순서를 뒤집어 '먼저 다양한 화장품을 받아보고 마음에 드는 것을 발견하게 한다'는 모델을 제시했다.

[원인과 결과를 뒤집는 프롬프트]
당신은 논리적 오류를 즐기는 역발상 전략가입니다. 우리 비즈니스에서 당연하게 여겨지는 인과관계 문장 "[예 : 고객이 만족해야 재구매한다]"을(를) 찾고, 그 원인과 결과를 뒤집어보세요.
[예 : 재구매를 먼저 시키면 고객이 만족하게 만들 수 있을까?]
이 역전된 명제를 실현시킬 수 있는 기발한 비즈니스 모델이나 마케팅 전략 3가지를 제안해보세요.

유념 사항

목표 : 고정관념을 깨는 비즈니스 모델 발견

기대 효과 : 업계 상식을 뒤집는 혁신 기회 포착

주의 사항 : 인과관계 역전이 고객 기만이나 강매 같은 부작용

을 불러올 수 있다. 반드시 고객에게 진짜 가치를 제공하는지
확인해야 한다.

6) 미래 관점에서 액션 플랜 만들기 프롬프트 - 미래에서 현재를 역산한다

단기적인 성과에 매몰되면서 장기적인 방향성을 잃었을 때, 미래의 성공을 그려놓고 그것으로부터 현재의 전략을 역산해오는 방법이다. 아마존은 새로운 상품이나 서비스를 기획할 때, 성공하는 미래의 신문 기사를 먼저 작성하라고 한다. 그 성공을 생생하게 그린 다음, 그것을 역으로 To-do를 찾으면 오히려 더 실현 가능성이 높은 액션 플랜을 만들 수 있다.

[미래 관점에서 액션 플랜을 만드는 프롬프트]
지금은 10년 후인 2035년입니다. 우리 회사 [회사명]은(는) [우리가 꿈꾸는 성공적인 모습, 예 : '업계 최고의 혁신 기업으로 선정됨']을 달성했습니다. 당신은 이 성공 스토리를 취재하는 기자가 되어, 성공의 결정적 요인이었던 3가지 주요 마일스톤 Milestone 이 무엇이었는지 시간을 거슬러 올라가며 분석하는 기사를 작성해주세요.
2032년, 2029년, 2026년에 각각 어떤 중요한 변곡점이 있었는지 구체적으로 설명해야 합니다.

유념 사항

목표 : 장기 비전에서 역산한 실행 로드맵 획득

기대 효과 : 단기 성과와 장기 비전의 연결

주의 사항 : 미래 예측이 현실과 다를 수 있다. 매년 미래 시나

리오를 업데이트 해야 한다.

이 장의 사례 프롬프트는 주로 리서치, 마켓 인텔리전스, 전략, 상품 기획 등을 해온 저자의 경험에 기반하여 만든 프롬프트다. 책에 소개된 내용 외에 다양한 프롬프트가 있으니, www.aibrainstorming.co.kr을 참고하면 된다. 이 사이트의 내용은 저작권을 획득하였다. 개인적인 스터디로 한 차례 사용은 가능하나, 조직적이거나 공식적인 활용은 저자와 협의해야 한다.

AI 스토밍 홈페이지 메인 화면

앞의 6가지 큐레이션 프롬프트를 모두 시도하는 데 몇 시간이면 충분하다. 대부분의 아이디어는 현실과 멀 수도 있고 몇 개는 흥미로울 수 있을 것이다. 그중 1개라도 해볼 만한 것이 있으면 그것을 다른 프롬프트에 넣어 추가 아이디어를 얻어보라. 이러한 시도가 당신의 다음 10년을 바꿀 수도 있다.

예전이라면 이런 아이디어 자체가 떠오르지 않았을 것이다. 이제 AI로 인해 아이디어를 발굴하는 가속기를 가진 것이다. 혁신적 아이디어는 원래 수백 번의 시도에서 나온다. 차이는 이제 그 수백 번을 빠르게 할 수 있다는 것이다. 100개 중 가치 있는 하나를 찾아내는 시간이 획기적으로 줄었다.

누군가 실력은 자력과 타력의 합이라고 했는데, 여기에 AI력을 더하자. 이제 당신의 일은 AI가 제시한 도축장 100개 중에서 진짜 영감을 줄 1개를 알아보는 것이다. 그리고 그것을 현실로 만드는 것이다.

퓨처백 플래닝 : 미래 관점에서 현재 액션 플랜 만들기

앞의 큐레이션 프롬프트들 중 6번째 퓨처백 플래닝을 실전에 적용해보자. 앞의 1~5번 프롬프트는 각자의 필요에 따라 선택하면 되지만, 6번만큼은 모든 이에게 해당되는 영역으로 판단되어 사례로 넣었다. 아이디어 검증이 필요한 창업가든, 새로운 전략을 고민하는 기획자든, 미래에서 현재를 조망하는 퓨처백 플래닝은 어떤 형태로든 통찰을 제공할 것이다. 성공한 미래에서 현재를 역추적하는 과정, 그 속에서 당신이 지금 보지 못했던 기회를 발견하고, 놓쳤던 트렌드를 포착하며, 실행 가능한 구체적 액션으로 전환할 수 있다.

이 프롬프트는 현재의 아이디어를 미래 시점에서 이미 성공한 것으로 가정하고, 그 성공을 가능하게 했던 과거(현재와 미래 사이)의 핵심 전환점들을 역추적하는 방식이다. 일반적인 기획서가 "앞으로 이렇게 할 것이다."라고 미래를 예측한다면 Forecasting, 이 방식은 "우리는 이미 성공했다. 그 과정에서 무엇이 중요했나?"를 역으로 분석하는 백캐스팅 Backcasting 이다.

사례가 거의 없어 시장 조사나 로드맵을 그리기 어려울 때, 이 프롬프트는 효과적이다. 데이터가 없고, 아이디어만 있는 사례를 고심하다가, 평소 저자가 생각해온 것 중의 하나로 사례를 만들어 보았다.

[사례]

K-Pop, K-드라마, K-뷰티, K-푸드. K-Culture의 연이은 성공을 지켜보며 "그렇다면 다음 K-Wave의 주자는 무엇일까?"를 떠올려보면, 잠재력은 크지만 가장 소외된 영역이 바로 **한의학**이라는 생각이 든다.

한의학은 현대 마케팅의 핵심 키워드인 '개인화 Personalization'와 '맞춤형 Customizing'이라는 가치를 본질적으로 품고 있다. 체질별로 처방을 달리하는 그 원리가 바로 개인 맞춤의 시초다. 그럼에도 불구하고, 한의학은 오랫동안 낡고 비과학적인 것으로 평가절하되어 왔다.

MBTI나 퍼스널 컬러 진단이 유행하는 이 시대에, 수천 년 전부터 사람을 유형화하고 체질에 맞춰 처방을 달리해온 한의학만큼 '현대적인 전통'이 또 있을까. 여기에 더해 다음과 같은 강점이 있다.

- 자연 성분 : 환경 문제와 화학 첨가물에 대한 우려가 커지는 시대에, 전통 방식으로 자연 재료(허브)만을 사용하는 한약은 강력한 차별점이 된다

- 인스턴트 식품의 반작용 : 건강기능식품 시장에 화학 성분이 범람할수록, 전통 방식의 가치는 더욱 부각된다
- 경험의 가치 : 진맥을 받고, 자신의 체질을 알아가고, 맞춤 처방을 받는 전 과정이 단순한 의료 행위를 넘어 문화적 경험이 될 수 있다
- 특히 한국이 성형 수술로 이미 의료관광의 메카가 된 상황에서, 한의학은 완벽한 시너지를 만들 수 있다. 수술 후 회복, 체질 관리, 건강 케어까지 연결되는 토털 패키지가 가능하다.

이 모든 생각을 담아, "만약 이 아이디어가 10년 후 성공했다면, 그 과정에서 어떤 전환점들이 있었을까?"를 퓨처백 플래닝 프롬프트에 넣어 돌려 보았다.

[미래 관점에서 액션 플랜 만드는 프롬프트]
지금은 10년 후인 2035년입니다.
우리 회사 [K-Medi]는 한방의 체질별 맞춤의학은 이제 '초개인화'라는 시대적 흐름에 가장 어울리는 미래 의학이 되었다. 우리는 이를 현대적으로 재해석해, 개인 맞춤형 한약을 오가닉 파우더 형태의 건강기능식품으로 누구나 손쉽게 경험할 수 있도록 했다.
진맥을 통해 체질을 진단하고, 맞춤 허브를 선정하는 과정은 '신기한 한방 진료 경험'이 되어 의료 관광의 혁신으로 이어진다. 한국을 찾은 성형 수술 관광객이 회복기에 접어들 때, 그들의 몸과 마음을 다스리는 한방 프로그램과 체

질 맞춤 허브 파우더를 건강관리 기념품으로 사 간다.

MBTI가 성격을 구분하듯, 누구나 스스로 자신의 체질을 점검할 수 있는 자가 진단 기준을 마련하고, 최종적으로는 한의사의 진맥을 통해 체질을 확정한다. 이 모든 여정은 한국이라는 신비롭고 과학적인 나라의 대표 웰니스·메디컬 관광 콘텐츠로 자리 잡았다. 나아가 성형 회복기 환자나 건강을 회복하려는 관광객의 숙박을 템플 스테이와 연계함으로써, 휴식·명상·회복이 결합된 통합형 힐링 경험으로 확장되었다] 의 내용을 달성했습니다.*

당신은 이 성공 스토리를 취재하는 기자가 되어, 성공의 결정적 요인이었던 3가지 주요 마일스톤 Milestone 이 무엇이었는지 시간을 거슬러 올라가며 분석하는 기사를 작성해 주세요. 2032년, 2029년, 2026년에 각각 어떤 중요한 변곡점이 있었는지 구체적으로 설명해야 합니다.

(＊참조 : 이탤릭체로 되어 있는 부분이 입력한 내용이다.)

[AI 답변]

K-Medi 성공 스토리 : 한방 의료관광의 새로운 지평을 연 10년

[2035년 10월 특집 리포트]

글로벌 헬스투어리즘 전문지 'MediTour Insight' 서울 특파원 김민준

2035년 현재, 인천공항 입국장에서는 특별한 광경을 목격할 수 있다. 성형 수술을 마치고 귀국하는 외국인 관광객들의 캐리어에는 K-뷰티 제품과 함께 개인 맞춤형 한방 파우더가 빠짐없이 담겨 있다. 이들은 "K-Medi 체질 진단을 받았느냐."며 서로의 체질 타입을 공유하고, 마치 MBTI를 이야기하듯 자연스럽게 자신의 한방 체질을 논한다.

이 놀라운 변화를 이끈 주역은 바로 K-Medi다. 전통 한의학을 초개인화 시대에 맞는 글로벌 헬스케어 상품으로 재탄생시킨 이 기업은, 불과 10년 만에 한국 의료관광의 판도를 완전히 바꿔놓았다.

본지는 K-Medi의 성공 스토리를 심층 분석하기 위해 지난 10년간의 여정을 거슬러 올라갔다. 그 과정에서 발견한 3가지 결정적 변곡점을 통해, 어떻게 천년의 전통 의학이 21세기 가장 혁신적인 헬스케어 비즈니스로 거듭났는지 조명한다.

1st Milestone (2026년) : "체질 자가진단 플랫폼 'MyBody-Type' 출시와 바이럴 성공"

전통의 디지털 전환, 대중화의 시작

2026년 봄, K-Medi는 조용하지만 혁명적인 한 걸음을 내디뎠다. 바로 체질 자가진단 플랫폼 'MyBody-Type'의 출시였다. 이 플랫폼은 사상의학의 복잡한 체질론을 일반인도 쉽게 이해할 수 있도록 현대화한 것이었다.

"처음에는 내부에서도 회의적이었습니다." K-Medi 창립자 이한방 대표는 당시를 회상했다. "천년 전통의 한의학을 'MBTI화'한다는 것에 대한 우려가 컸죠. 하지만 우리는 접근성이 곧 생존이라고 판단했습니다."

MyBody-Type은 출시 6개월 만에 국내 200만 다운로드를 돌파하며 예상을 뛰어넘는 성공을 거뒀다. 특히 2030세대 사이에서 "너 체질 뭐야?"라는 인사가 유행처럼 번지며 SNS를 통해 바이럴되었다.

성공의 핵심 요인

1. **게이미피케이션** Gamification **전략 :** 단순한 설문이 아닌, 일상의 선택지(좋아하는 음식, 계절, 운동 방식 등)를 통해 자연스럽게 체질을 파악하는 UX 설계가 주효했다. 사용자들은 마치 재미있는 성격 테스트를 하듯 체질 진단에 참여했다.

2. **인플루언서 협업 :** 헬스 케어와 웰니스 분야 인플루언서들과의 전략적 제휴

로, "내 체질에 맞는 식단", "체질별 운동법" 등의 콘텐츠가 생산되며 자연스
러운 마케팅 효과를 창출했다.

3. **오프라인 연결고리** : 앱 진단 후 '한의사 정밀 진맥'으로 연결되는 O2O Online
to Offline 전략이 비즈니스 모델의 핵심이었다. 디지털 진단의 편의성과 전통
진맥의 권위를 결합한 것이다. 이 시기 K-Medi는 서울 강남과 명동에 첫 '체
질 진단 센터'를 오픈했다. 현대적이고 세련된 공간 디자인은 "한의원은 나이
든 사람들이 가는 곳"이라는 고정관념을 깼다.

*"2026년은 K-Medi가 '한의학의 대중화'라는 첫 번째 관문을 통과한 해였습니다." –
서울대 의료경영학과 최규영 교수*

2nd Milestone (2029년) : "성형외과 회복 프로그램 제휴와 외국인 환자 급증"

한방과 성형의 파격적 만남

2029년은 K-Medi의 진정한 도약이 시작된 해다. 이 해 K-Medi는 강남 주요
성형외과 5곳과 '회복 케어 패키지 제휴'를 체결하며 의료관광 시장에 본격 진
출했다.

당시 한국은 여전히 성형 수술의 메카였지만, 회복 과정의 불편함과 사후관리
부담이 외국인 환자들의 주요 고민이었다. K-Medi는 여기서 기회를 포착했다.
"수술 후 부기, 통증, 회복 속도… 이 모든 것이 체질에 따라 다릅니다." K-Medi
의료진을 이끄는 한의사 김연수 원장은 설명했다. "우리는 각 환자의 체질에 맞
는 한약 처방과 침술로 회복 기간을 평균 30% 단축시킬 수 있었습니다."

폭발적 성장의 트리거

1. '힐링 패키지' 상품화

- 성형 수술+체질 진단+맞춤 한약 파우더(30일분)+3회 침술/부항 관리
- 가격 : 기존 수술 비용의 15–20% 추가
- 결과 : 제휴 병원 외국인 환자의 68%가 선택

2. 의료관광 에이전시와의 전략적 제휴

중국, 동남아, 중동 주요 의료관광 에이전시와 파트너십을 맺으며 패키지 판매를 확대했다. 특히 중국 환자들 사이에서 "韩方调理(한방조리)"는 필수 코스로 자리 잡았다.

3. 유튜브 케이스 스터디

회복 과정을 공개한 외국인 환자들의 유튜브 영상 Before & After가 조회수 수백만을 기록하며 자연스러운 글로벌 홍보 효과를 가져왔다.

숫자로 보는 성장

- 2028년 외국인 환자 : 1,200명
- 2029년 외국인 환자 : 8,500명 (708% 증가)
- 2029년 매출 : 전년 대비 420% 성장
- 환자 만족도 : 4.8/5.0
- 재구매율 : 73% (파우더 정기구독 전환)

2029년 말, K–Medi는 인천공항 입국장에 첫 '체질 진단 라운지'를 오픈했다. 한국 도착 직후 진맥을 받을 수 있는 이 공간은 곧 외국인 관광객들의 필수 방문지가 되었다.

"성형과 한방의 결합은 'K–Medical'이라는 새로운 브랜드를 탄생시켰습니다." – 한국관광공사 의료관광팀 이도은 팀장

3rd Milestone (2032년) : "템플 스테이 연계 토탈 웰니스 리트릿 론칭"

의료를 넘어 경험으로, 관광을 넘어 문화로

2032년, K-Medi는 또 한 번 업계를 놀라게 했다. 전국 15개 사찰과 제휴한 'K-Medi 웰니스 리트릿' 프로그램 출시가 그것이다.

"우리는 단순히 치료하는 것을 넘어, '한국에서만 경험할 수 있는 총체적 힐링'을 제공하고 싶었습니다." 이한방 대표는 이 프로그램의 철학을 이렇게 설명했다.

프로그램의 구성
5일 토탈 케어 패키지

- Day 1 : 인천공항 체질 진단 → 성형외과 수술
- Day 2–3 : 강남 회복 센터 집중 케어(침술, 부항, 맞춤 한약)
- Day 4–5 : 사찰 템플 스테이(명상, 건강식, 자연 치유)
- 출국 시 : 3개월분 맞춤 허브 파우더 제공

왜 템플 스테이였나?

K-Medi 전략팀은 깊은 통찰을 보여줬다. 성형 수술 후 환자들은 회복 기간 동안 외부 노출을 꺼린다. 하지만 호텔 객실에만 머물기에는 지루하고, 그렇다고 관광을 다니기에는 부담스럽다.

템플 스테이는 이 딜레마의 완벽한 해결책이었다.

1. 프라이버시 보장

산속 사찰의 고요함은 수술 자국을 감추고 싶은 환자들에게 안전한 공간이었다.

2. 진정한 회복의 시간

명상, 발우공양, 산책 등 템플 스테이 프로그램 자체가 심신 치유 효과를 가져왔다.

3. 문화적 경험

"단순한 의료관광이 아닌, 한국 문화에 대한 깊은 이해를 얻었다."는 외국인 환자들의 후기가 쏟아졌다.

4. SNS 마케팅 효과

전통 사찰과 한복을 입은 환자들의 사진은 Instagram과 TikTok에서 바이럴되며 엄청난 홍보 효과를 가져왔다. #KMediTempleHealing 해시태그는 2032년에만 1,200만 건 이상 게시되었다.

글로벌 인증과 확장

2032년 말, K-Medi의 웰니스 프로그램은 국제웰니스관광협회 Global Wellness Tourism Association 로부터 '올해의 혁신 프로그램상'을 수상했다. 이는 한국 기업 최초였다.

같은 해, K-Medi는 두바이와 LA에 해외 진출을 위한 체질 진단 센터를 오픈하며 글로벌 확장의 신호탄을 쏘아 올렸다.

숫자로 보는 확장

- 2032년 연간 외국인 환자 : 45,000명
- 템플 스테이 연계 프로그램 이용률 : 34%
- 평균 체류 기간 : 3일 → 6.5일(117% 증가)
- 1인당 평균 지출 : $3,200 → $8,500(165% 증가)
- 정기구독 고객 : 28,000명(전 세계)

"K-Medi는 의료관광을 '웰니스 필그리미지 wellness pilgrimage '로 재정의했습니다." – 글로벌웰니스연구소 소장 사라 존슨

에필로그 : 2035년 현재, 그리고 미래

2035년 현재, K-Medi는 :

- 연간 외국인 환자 12만 명 유치
- 전 세계 72개국에 맞춤 파우더 정기 배송

- 서울, 부산, 제주에 10개 체질 진단 센터 운영
- 전국 30개 사찰과 웰니스 리트릿 제휴
- 글로벌 웰니스 시장 점유율 3위(아시아 기업 중 1위)

"우리는 단순히 한약을 판매하는 것이 아닙니다." 이한방 대표는 말한다. "우리는 '나를 이해하는 것'에서 시작하는 평생 건강 여정의 동반자입니다. 2026년 한 개의 앱에서 시작한 이 여정이, 이제는 전 세계 수십만 명의 삶을 바꾸고 있습니다."

K-Medi의 성공은 단순한 비즈니스 성공 이상의 의미를 지닌다. 그것은 전통과 현대, 동양과 서양, 의학과 문화가 어떻게 조화를 이뤄 새로운 가치를 창조할 수 있는지 보여주는 살아 있는 증거다.

K-뷰티, K-푸드에 이어 이제 K-Medicine이 세계를 사로잡고 있다. 그 중심에 K-Medi가 있다.

K-Medi 성공의 3대 핵심 전략

1. **접근성 혁신** (2026) : 복잡한 전통의학을 누구나 쉽게 접근할 수 있는 디지털 경험으로 전환

2. **틈새시장 공략** (2029) : 성형외과 회복이라는 구체적 니즈와 한방 치료의 결합

3. **경험의 확장** (2032) : 의료를 넘어 문화·정신적 웰니스까지 포괄하는 토털 케어 제공

본 기사는 K-Medi와 독립적으로 작성되었으며, 취재 과정에서 어떠한 금전적 지원도 받지 않았음을 밝힙니다.

어떤가?

데이터가 없는 이 엉뚱한 사례도 AI가 다양한 키워드를 조합해 로드맵과 실행 사례들을 찾아다주었다. 당신이 생각하는 아이디어나 추진 중인 사업은 이보다 훨씬 구체적일 것이다. 이미 확보해둔 자료나 아이디어도 많을 것이다. 그렇다면 훨씬 더 좋은 답변을 얻을 수 있다. AI와의 대화 속에 당신이 놓친 시장 트렌드나, 의외의 아이디어를 AI가 보여주며 시너지를 낼 것이다.

이 프롬프트가 외롭게 고민하는 리더에게 소중하게 쓰이면 좋겠다.

동일한 프롬프트를 챗GPT, 클로드, 제미나이, 퍼플렉시티, 그록 등 쓰고 있는 모든 AI에게 실행시켜보면 각각 다른 답이 나올 것이다. 그중에서 당신에게 맞는 것을 선택하면 된다. 참고로, 나는 클로드의 답변을 채택했다.

AI 스토밍 :
인류 최고의 지성과
브레인스토밍하라

나 홀로 고민은 이제 그만, 스티브 잡스를 불러내라

· · ·

큐레이션 프롬프트를 활용해 다양한 아이디어나 실행 아이템을 찾아보았다. 그럼 그다음은 어떨까? 좋은 아이디어가 있어도 실행에서 난관에 부딪힌다. 고객 문제, 조직 내부 문제, 경쟁 문제, 나의 멘탈 붕괴까지. 리더는 매 고비마다 다양한 문제에 부딪히고 해결해나가야 한다. 이럴 때 주변에 고민을 얘기하고 조언을 얻을 수 있는 최고의 전문가가 상시 대기하고 있다고 생각해보자. 그 대기자는 인류 최고의 거물이다. 1명도 아니고 4명이 각자의 철학과 관점에서 조언을 해준다면? 이 장은 그 바람을 현실로 해주는 곳이다.

위대한 지성과의 대화, 이제 가능하다

리더의 외로움은 숙명과 같다. 어려운 결정을 내려야 하는 자리에서, 진정한 조언을 구할 곳은 생각보다 많지 않다. 동료는 경쟁자이고, 부하직원에게는 약점을 드러낼 수 없으며, 외부 컨설턴트는 우리 조직의 맥락을 온전히 이해하지 못한다.

상사에게는 "이런 것도 모르나?"라는 시선을 받는 것이 두렵고, 가족에게는 업무의 복잡함을 설명하기 힘들고, 친구들은 내가 처한 상황의 무게를 이해하지 못한다.

이런 상황에서 "그 사람이라면 이 상황을 어떻게 해석하고 헤쳐나갈까?"라고 묻고 싶은 사람이 있을 것이다. 누구나 불러올 수 있으니 기왕이면 인류 최고를 불러내어 코칭을 받아보는 것은 어떨까? 피터 드러커에게 조직 운영의 지혜를 구하거나, 소크라테스와 철학적 대화를 나누는 것은?

스티브 잡스는 생전에 "소크라테스와 대화할 수 있다면 전 재산을 주겠다."고 말했다. 워런 버핏과의 점심 식사가 엄청난 가격에 거래되는 것도 같은 이유다. 인류 최고의 지성과 대화할 수 있다는 건 그만큼 값진 통찰을 얻을 수 있다는 뜻이다. 만약 그들을 불러 대화를 나눌 수 있다면, 그들의 통찰력과 현재의 정보들을 연결하여 새로운 인사이트를 만들거나 보지 못했던 관점으로 창의적 해결책을 만들어낼 수 있을 것이다

이제 우리는 그 상상을 현실에서 이룰 수 있다. AI 속에서 잡스도, 드러커도, 소크라테스도 얼마든지 불러낼 수 있다. 단 한 줄

의 프롬프트로.

나는 종종 노트북, 태블릿, 스마트폰 3가지 기기를 동시에 켜놓고 서로 다른 AI에게 같은 질문을 던진다. "너는 스티브 잡스야." "너는 젠슨 황이야." "너는 소크라테스야." 이렇게 정체성을 부여하고 같은 질문을 던지면 전혀 다른 각도의 답이 돌아온다. 다양한 답변을 살펴보며 생각을 정리해나가면 저절로 다중 브레인스토밍이 된다. 혼자서 고민할 때는 보이지 않던 관점들이 하나씩 드러나면서, 문제의 전체 그림이 입체적으로 보이기 시작한다.

물론 하나의 AI에게 다양한 인물의 페르소나를 주고 가상 대담을 열 수도 있다.

예를 들어 "스티브 잡스, 워런 버핏, 그리고 빌 캠벨이 한 테이블에 앉아 스타트업의 인재 전략을 논의한다고 생각해봐. 각자의 관점으로 분석하고 서로 반박과 제안을 주고받아줘."

이렇게 다양한 인물을 한자리에 불러 브레인스토밍을 하다 보면 혼자서는 도달할 수 없는 시야를 얻을 수 있다. 잡스는 혁신과 완벽주의를 이야기하고, 버핏은 장기적 가치와 인재의 지속성을 강조하며, 빌 캠벨은 코칭과 팀워크의 중요성을 제시한다.

각각의 현자에게 맞는 방식으로 지시를 해볼 수도 있다.

"소크라테스처럼 질문을 바꿔줘. 내가 놓치고 있는 전제를 파고들어줘." "버핏처럼 이 사업의 투자 매력을 의심하고 검증해줘." "피카소처럼, 가장 비틀어진 시선에서 이 문제를 그려보자."

관점이 달라지면 답변의 방향과 깊이가 달라질 수밖에 없다. 같은 문제라도 누구의 시각으로 바라보느냐에 따라 완전히 다른 해결책이 보인다. 하나의 문제에 대한 다층적 관점으로 더 효과적인 해결책을 찾아나갈 수 있다.

브레인스토밍 성공의 핵심

현존하는 최고를 넘어, 역사상 최고를 개인 멘토로 둘 수 있다는 것, 멋진 일이다. 하지만 잊지 말아야 할 것은, 브레인스토밍은 피드백을 서로 주고받아야 상승효과가 있다는 점이다.

그 피드백은 내가 주고, 내가 주도하는 것이다. 내 고민이 깊고 많을수록 더 풍성한 대화가 가능하다. 깊이 고민하고 구체적인 맥락을 제공할수록 현자들도 더 깊이 있는 통찰을 제공한다. 그들의 입을 빌려, 지금의 업무, 교육, 창의, 전략, 심지어 삶의 고민까지 새로운 관점과 해법으로 풀어나갈 수 있다.

그러나 중요한 것은 이들이 만능 해결사가 아니라는 점이다. 그들은 당신의 사고를 자극하고 새로운 관점을 제시하는 사고의 동반자이지 최종적인 판단과 결정은 여전히 스스로의 몫이다.

아인슈타인은 "문제는 그것을 만든 것과 같은 차원의 사고로는 해결될 수 없다."고 말했다. AI 스토밍의 진짜 가치는 내 사고의 차원을 넘어서는 관점들을 만나는 것. 혼자서는 불가능했던 사고의 도약을 경험하는 것이다.

서치와 리서치는 AI 안에 있는 정보를 찾아오고, 큐레이션은 다른 성격의 정보를 연결해 AI 안에 없는 창의적인 아이디어를 끌어내준다. AI 스토밍은 AI로부터 문제 해결을 위한 조언과 영감을 얻는 과정이다. 인간의 추론은 느리지만 경험과 맥락, 직관을 반영한다. AI의 추론은 빠르지만 데이터와 통계적 패턴에 묶여 있다. 이 둘이 만나면 방대한 지식과 직관적 통찰이 결합하면서, 나의 한계를 넘어 혼자서는 도달할 수 없는 창의적 돌파구를 여는 길로 안내할 것이다.

[스티브 잡스와 브레인스토밍 사례]

아래는 소비자로서의 불편을 AI와 함께 어떻게 다시 설계할 수 있을지를 스티브 잡스와 브레인스토밍해 본 이야기다.

나는 '빨래'라는 이름으로 묶인 모든 과정을 싫어하는 주부다. 가족들이 방과 거실에 던져둔 양말과 옷가지를 모으고, 흰색과 검정, 수건과 속옷을 분류하고, 세제를 정량에 맞게 덜어 넣고, 세탁이 끝나면 널고, 걷고, 다리고, 개고, 옷장에 넣는 그 모든 단계가 번거롭고 귀찮다. 특히 한창 드라마에 몰입하고 있을 때 '삐삐삐' 울리는 세탁기 종료 알림이 들려오면 더욱 그렇다. 가전업체들이 이런 일상 속 불편을 해결하려고 노력 중이겠지? 그러던 어느날, 문득 이런 생각이 들었다.

"잡스라면, 이 불편을 어떻게 해결할까?"

나는 노트북을 켜고 AI에게 말했다. "너는 스티브 잡스야. 지금은 가전회사의 상품기획 회의 중이야. 가정주부들이 빨래와 관련해 겪는 불편을 듣고, 함께 아이디어를 찾아가보자. 필요하다면 나에게 질문을 던져도 좋아."

그렇게 나는 잡스를 회의실에 초대했다. 내 불만을 주르륵 쏟아 내자, 잡스 역할의 AI는 먼저 '본질'을 묻는다.

"사람들이 원하는 세탁의 본질이 뭐야?" "사람들이 진짜 원하는 건 '세탁'이 아니라, '깨끗하고 정돈된 옷을 아무 고민 없이 입는 것' 아니야? 그러니 제품부터 만들지 말고, 세탁과 관련한 경험의 흐름부터 다시 설계해야 해."

내가 말한 세탁과 관련한 여정을 읊더니, AI가 나에게 도리어 물었다. "세탁기만으로는 안 되는 게 있어. 먼저, 빨래를 집어 오는 건 못하는데, 그건 뭘로 해결하면 좋겠어?"

첫 불편부터 나에게 질문을 던지다니⋯. 음, 브레인스토밍이니 내 역할도 중요한 것이다.

"세탁기를 움직이게 하는 것보다, 집안에 이미 움직이는 로봇 청소기가 있잖아. 로보락이 최근에 팔 달린 버전을 내놨더라, 그걸로 하면 어때?"

AI는 곧장 받았다.

"좋아. 로봇 청소기가 양말을 수거해 세탁실로 가져가는 것부터 시작해볼 수 있겠네."

이어지는 다림질 이야기에 AI는 스타일러를 끌어들인다.

"다림질 로봇은 당장은 어렵겠지만, 스타일러를 응용할 수 있어. 예를 들어 셔츠용 마네킹을 스타일러 내부에 넣는 방식이라면 구현 가능성도 있고 비용도 덜 들어."

"세탁 세제를 매번 넣지 않는 문제는 가장 쉽게 해결할 수 있어."

세탁기, 로봇 청소기, 스타일러. 내 불만을 해결하기 위해 집 안의 가전이 총동원되기 시작했다. AI는 여러 기기를 연결해 하나의 통합 흐름으로 만들어나갔다. 마치 잡스가 그럴 것처럼. 이 잡스형 AI는 챗GPT였다. 마치 1980년대 초 애플의 잡스처럼, 눈앞의 문제를 명확히 정의하고, 가장 불합리한 지점을 집중 공략하되, 문제의 해결 범위를 세탁기에만 두지 않고 종합적인 해결책을 내려고 했다.

구글 제미나이에게도도 같은 질문을 던졌다. 제미나이도 첫 시작은 빨래라는 여정에서 본질이 무엇이냐는 것이었다. 세탁기의 궁극적인 목표가 무엇이냐고? 제미나이는 외부 세탁소까지 연결하는 의류 관리 시스템 구축을 제안하며 제품 하나에 머무르지 않고 생태계 전체를 설계하기 시작했다. 내부 기기 간의 연결을 넘어, 외부 세탁업자나 앱 기반 서비스까지 확장하라고 한다. 마치 2000년대 아이폰 생태계를 만든 잡스를 보는 듯했다.

실현 가능성은 별도로 하고, 두 접근 모두 훌륭하다. 같은 질문에 다른 답변이 나오기 때문이다. AI마다 성격과 중요하게 보는 포인트가 다르기 때문이다. 고만고만한 사람끼리 모여서 회의가 진척이 없을 때, AI와의 대화는 창의적인 가능성을 열어주는 데 큰 도움이 된다.

그래서 나는 브레인스토밍이 필요할 때마다 역사를 통틀어 그 분야 최고의 고수들을 불러들인다. 아이디어가 필요한데, 조직이

조용한가? 토론이 막혔는가? 회의가 겉돌고 있는가? 그렇다면, 스티브 잡스를 회의실에 초대하라. 그가 문을 열고 들어오는 순간, 모두의 생각이 깨어나기 시작할 것이다.

이 대화 내용을 브루 Vrew AI에 넣어 영상을 만들었다. 아래 QR 코드로 볼 수 있다.

〈스티브 잡스와 브레인스토밍하다〉 영상 연결

4대 현자에게 코칭을 받자

· · ·

앞의 내용처럼 스티브 잡스와 다양한 대화를 나누는 것도 좋지만, 올바른 질문을 통해 스스로가 해답을 찾아가는 것도 좋다. 소크라테스가 대화를 통해 제자들의 내면에 잠들어 있던 지혜를 깨운 것처럼, 최고의 현자들은 질문으로 통찰을 이끌어낸다.

이번에는, 각자의 고민거리에 대해 인류 최고의 지성 4명이 각자의 관점에서 문제를 재정의하고, 이를 종합한 3가지 핵심 질문을 던져주는 '현자들의 코칭 프롬프트'를 살펴보자. 스티브 잡스,

피터 드러커, 워런 버핏, 소크라테스 같은 현자들이 당신의 고민을 마주했을 때 그 문제를 어떻게 진단하고 어떤 질문을 던질까? 그 관점에서 프롬프트를 설계한 것이다. 프롬프트가 두 페이지로 길지만, 현자들의 문제 제기를 체계적으로 얻을 수 있다. 그 문제 제기를 마주한 당신은 1) 현재 직면한 상황에 대한 근본적인 성찰, 2) 새로운 관점에서 문제를 바라보는 영감, 3) 놓치고 있던 핵심을 발견하는 통찰을 얻을 수 있게 된다.

현자들의 코칭 프롬프트

코칭 프롬프트에서 [   ] 부분에 당신의 구체적인 고민을 입력해주면 된다. 고민은 구체적일수록 나에게 맞는 답변이 나오지만, 정보 보안이 걱정된다면 구체적인 사안은 언급하지 않고 사례처럼 보편적인 상황으로 입력해도 된다.

다음 4가지 고민 사례를 '현자들의 코칭 프롬프트'에 넣어 답변을 살펴보자.

예시 1 : 경쟁자 신제품 대응 전략

나의 고민 주제 : 경쟁자의 신제품이 우리 제품의 점유율을 급격히 갉아 먹고 있습니다. 가격 인하 등의 대응 외에 우리가 할 수 있는 부문에 대해 현자의 조언을 듣고 싶습니다.

예시 2 : 경영의 고민

나의 고민 주제 : 스타트업을 5년 운영했는데 매출 성장이 정체되고 있습니다. 기존 사업 확장 vs 새로운 수익 모델 개발 중 어디에 집중해야 할지, 한정된 자원을 어떻게 배분할지 결정하지 못하겠습니다.

예시 3 : 사업 포트폴리오 재편

나의 고민 주제 : 수익성 낮은 기존 사업부 3개와 성장 정체된 주력 사업이 있는데, 신사업 진입을 위해 어떤 사업을 정리하고 언제 어떤 순서로 포트폴리오를 재구성할지 결정하고 싶습니다.

예시 4 : 리더십 고민

나의 고민 주제 : 팀원들의 업무 동기가 떨어지고 성과도 나오지 않아서, 어떤 리더십 스타일로 팀을 이끌어야 할지 방향을 잡지 못하고 있습니다.

[현자들의 코칭 프롬프트 템플릿]

나의 고민 주제 : [여기에 고민 주제 입력]

위 고민에 대해 다음 4분야에서 각각 1명씩 현자를 선정하고 비즈니스 코치 역할을 해주세요.

1) 비즈니스 리더(예 : 스티브 잡스, 제프 베이조스, 일론 머스크, 워런 버핏 등)

2) 경영 사상가 (예 : 피터 드러커, 짐 콜린스, 마이클 포터 등)

3) 창의적 사상가 (예 : 파블로 피카소, 레오나르도 다빈치, 월트 디즈니 등)

4) 철학자/과학자 (예 : 소크라테스, 앨버트 아인슈타인 등)

각 현자는 :

– 먼저 내 고민을 자신의 철학으로 문제 재정의 (2–3문장)

– 4명의 관점을 종합하여 다음 3가지 통합 질문 제시 :

🔍 탐색 질문 : 문제의 근본 원인 파악

⚡ 도전 질문 : 사고 전환을 유도하는 도전적 질문

◎ 실행 질문 : 구체적 다음 단계 행동 방안

출력 형식 :

고민 주제 : [고민 주제]

현자들의 문제 재정의

비즈니스 리더 (이름) : [문제 재정의]

경영 사상가 (이름) : [문제 재정의]

창의적 사상가 (이름) : [문제 재정의]

철학자/과학자 (이름) : [문제 재정의]

통합 코칭 질문

🔍 탐색 질문 : [질문]

⚡ 도전 질문 : [질문]

◎ 실행 질문 : [질문]

사용 예시

위의 프로프트 탬플릿 나의 고민 주제 : [여기에 고민 주제 입력] 부문에 예시의 고민을 넣는다.

포지셔닝'을 혼동하고 있습니다. 경쟁자를 모방하거나 가격으로 대응하는 것은 전략이 아닙니다. 진정한 경쟁 우위는 경쟁자와 다른 독특한 가치 제안을 만드는 것입니다. 경쟁사가 강해진 것이 아니라, 당신의 차별화 전략이 모호해진 것일 수 있습니다. 새로운 경쟁 차원을 만들어야 합니다.

창의적 사상가(월트 디즈니) 문제 재정의 : 경쟁은 창의성의 적입니다. 다른 사람이 하는 것을 따라 하는 순간, 당신은 이미 뒤처진 것입니다. 고객이 아직 꿈꾸지도 못한 경험을 상상해보세요. 기존 제품의 기능적 가치에만 매몰되지 말고, 감정적 연결과 스토리텔링을 통해 완전히 새로운 카테고리를 만들어야 합니다. 문제는 제품이 아니라 고객과의 관계입니다.

철학자/과학자(손자) 문제 재정의 : "적을 알고 나를 알면 백전불태"라고 했지만, 진정한 승리는 싸우지 않고 이기는 것입니다. 경쟁자가 강해 보이는 곳에서 정면 대결하지 말고, 그들이 약한 곳 또는 아예 없는 곳에서 새로운 전장을 만드세요. 가격 경쟁은 모두 패하는 전쟁입니다. 경쟁자가 따라올 수 없는 당신만의 지형에서 싸워야 합니다.

통합 코칭 질문

위 4명 현자의 관점을 종합하여 다음 3가지 핵심 질문을 드립니다.

탐색 질문 : "경쟁사 제품을 선택한 고객들과 직접 인터뷰를 해봤습니까? 그들이 말하는 '선택 이유'는 무엇이고, 그 이면에 숨어 있는 진짜 불만이나 미충족 니즈는 무엇입니까? 그리고 당신의 기존 제품이 제공하던 핵심 가치 중에서 고객들이 더 이상 중요하게 여기지 않는 것은 무엇이고, 새롭게 중요해진 가치는 무엇입니까?"

도전 질문 : "만약 가격 경쟁이 금지된다면 당신은 어떤 방식으로 경쟁하겠습니까? 경쟁사가 절대 따라 할 수 없는 당신만의 독특한 자산(기술, 인재, 관계, 데이터, 브랜드)은 무엇이며, 이를 활용해 기존 시장의 룰을 완전히 바꿀 수 있

는 새로운 전략은 무엇입니까? 그리고 현재 제품 카테고리를 뛰어넘어 고객의 더 큰 문제를 해결할 수 있는 통합 솔루션은 무엇입니까?"

실행 질문 : "다음 30일 안에 실행할 수 있는 구체적인 액션은 : 1) 경쟁사로 이탈한 고객 20명과 1:1 심층 인터뷰 실시, 2) 경쟁사가 약하거나 진입하지 않은 새로운 고객 세그먼트나 사용 상황 3가지 발굴, 3) 기존 제품에 경쟁사가 모방하기 어려운 독특한 부가가치(서비스, 경험, 커뮤니티 등) 1가지 추가 중 어느 것부터 시작하겠습니까? 그리고 이 중 가장 빠른 시간 안에 가시적 성과를 낼 수 있는 것은 무엇이라고 판단합니까?"

이 중에서 어떤 현자의 관점이 가장 와 닿으시나요? 특정 현자의 철학과 접근법을 더 깊이 탐구하고 싶으시면 언제든 말씀해주세요.

답변2 : 현자들의 문제 재정의

비즈니스 리더(일론 머스크) 문제 재정의 : 5년차 정체는 단순한 성장통이 아니라 근본적인 혁신 부족의 신호입니다. 대부분의 기업이 안주하는 지점에서 당신은 더 크고 담대한 목표를 설정해야 합니다. 기존 vs 새로운 수익 모델이라는 이분

법적 사고를 벗어나, 10배 더 큰 시장을 창조할 수 있는 혁신적 접근이 필요합니다. 자원 배분의 문제가 아니라 비전의 크기와 실행 속도의 문제입니다.

경영 사상가(짐 콜린스) 문제 재정의 : 당신은 지금 "고슴도치 개념"을 재정립해야 하는 시점에 있습니다. 진정 열정을 가질 수 있고, 세계 최고가 될 수 있으며, 경제적 엔진을 돌릴 수 있는 것이 무엇인지 다시 찾아야 합니다. 5년간의 경험으로 얻은 데이터와 통찰을 바탕으로, 당신이 정말 독보적일 수 있는 핵심 역량을 중심으로 모든 것을 재구성해야 합니다. 확장 vs 신규가 아니라 핵심 vs 비핵심의 문제입니다.

창의적 사상가(스티브 잡스) 문제 재정의 : "단순함이 최고의 정교함이다." 여러 방향으로 흩어진 에너지를 하나의 혁신적인 고객 경험으로 집중시켜야 합니다. 5년간 쌓인 복잡성을 과감히 제거하고, 고객이 진정 사랑할 수 있는 하나의 완벽한 솔루션에 모든 것을 걸어야 합니다. 기존 사업의 확장도, 새로운 모델도 모두 고객의 삶을 근본적으로 바꿀 수 있는가라는 기준으로 판단해야 합니다.

철학자/과학자(찰스 다윈) 문제 재정의 : "살아남는 종은 가장 강한 종이 아니라 변화에 가장 잘 적응하는 종이다." 당신의 스타트업은 진화의 기로에 서 있습니다. 5년간의 환경 변화 데이터를 분석하여, 시장 생태계에서 어떤 새로운 적응이 필요한지 과학적으로 접근해야 합니다. 기존 vs 새로운 선택이 아니라, 환경 변화에 가장 적합한 생존 전략을 데이터 기반으로 선택하는 것입니다.

통합 코칭 질문

위 4명 현자의 관점을 종합하여 다음 3가지 핵심 질문을 드립니다 :

탐색 질문 : "지난 5년간 수집한 데이터 중에서 가장 수익성이 높고 고객 만족도도 높았던 상위 20%의 비즈니스 활동은 정확히 무엇입니까? 그리고 현재 매출 정체의 진짜 원인이 시장 포화인지, 경쟁 심화인지, 고객 니즈 변화인지, 아니면 내부 역량의 한계인지 구체적으로 분석해보셨습니까? 또한 당신이 경쟁사 대비

압도적으로 잘하는 것과 절대 못하는 것을 명확히 구분할 수 있습니까?"

도전 질문 : "만약 현재 매출의 80%를 포기하고 단 하나의 핵심 비즈니스만 남겨둔다면 무엇을 선택하겠습니까? 그리고 그 하나의 비즈니스로 현재 매출의 10배를 달성할 수 있는 혁신적인 방법은 무엇입니까? 기존 사업 확장과 신규 모델 개발 중 하나를 선택하는 대신, 두 접근법의 경계를 허무는 완전히 새로운 제3의 길은 없습니까? 예를 들어, 기존 강점을 활용한 플랫폼 비즈니스나 생태계 구축 같은?"

실행 질문 : "다음 90일 안에 명확한 방향 결정을 위해 실행할 구체적인 액션은 : 1) 핵심 고객 100명과 심층 인터뷰하여 미래 니즈와 지불 의향 파악하기, 2) 기존 사업의 가장 수익성 높은 부분만으로 3개월 실험 프로젝트 진행하여 확장 가능성 검증하기, 3) 새로운 수익 모델 3가지를 MVP 수준으로 빠르게 테스트하여 시장 반응 측정하기 중 어느 순서로 진행하겠습니까? 그리고 각 실험의 성공/실패 기준을 어떻게 설정하고, 90일 후 어떤 데이터를 바탕으로 최종 의사결정을 내리겠습니까?"

이 중에서 어떤 현자의 관점이 가장 와닿으시나요? 특정 현자의 철학과 접근법을 더 깊이 탐구하고 싶으시면 언제든 말씀해주세요.

예시 3 : 사업 포트폴리오 재편

나의 고민 주제 : 수익성 낮은 기존 사업부 3개와 성장이 정체된 주력 사업이 있는데, 신사업 진입을 위해 어떤 사업을 정리하고 언제 어떤 순서로 포트폴리오를 재구성할지 결정하고 싶습니다.

답변 3 : 현자들의 문제 재정의

비즈니스 리더(워런 버핏) 문제 재정의 : 투자에서 가장 중요한 것은 '기회비용'입니다. 수익성 낮은 사업에 묶인 자본과 경영진의 시간은 더 나은 기회를 놓치게 만듭니다. 당신의 진짜 문제는 사업 정리가 아니라 '집중'입니다. 경쟁 우위가 있고 장기적으로 현금을 창출할 수 있는 사업에만 자원을 집중해야 하며, 나머지는 과감히 포기하는 용기가 필요합니다.

경영 사상가(마이클 포터) 문제 재정의 : 포트폴리오 재편은 단순한 사업 정리가 아니라 '전략적 포지셔닝'의 재정의입니다. 각 사업부가 회사 전체의 경쟁 우위에 어떻게 기여하는지 분석해야 합니다. 시너지 효과가 없는 사업들은 분산만 일으킬 뿐입니다. 신사업은 기존 역량과 연결되면서도 새로운 가치 창출이 가능한 영역이어야 하며, 전체적으로 일관된 전략적 테마가 있어야 합니다.

창의적 사상가(스티브 잡스) 문제 재정의 : "1,000가지 NO를 하는 것이 혁신이다." 복잡한 포트폴리오는 조직의 집중력을 분산시키고 탁월함을 방해합니다. 당신이 정말 사랑하고 세계 최고가 될 수 있는 한두 가지에만 집중해야 합니다. 성장이 정체된 주력 사업도 예외가 아닙니다. 혁신으로 재탄생시킬 수 없다면 과감히 버리고, 당신의 DNA에 맞는 완전히 새로운 영역에서 승부를 걸어야 합니다.

철학자/과학자(찰스 다윈) 문제 재정의 : 생존하는 종은 환경 변화에 가장 잘 적응하는 종입니다. 사업 포트폴리오도 마찬가지로 변화하는 시장 환경에 맞춰 진화해야 합니다. 과거에 성공했던 사업에 대한 애착을 버리고, 미래 환경에서 생존 가능성이 높은 사업에 유전자(자원과 역량)를 집중해야 합니다. 점진적 변화보다는 과감한 적응이 생존율을 높입니다.

통합 코칭 질문

위 4명 현자의 관점을 종합하여 다음 3가지 핵심 질문을 드립니다.

탐색 질문 : "각 사업부의 지난 3년간 ROI와 현금 창출력을 정확히 계산해보셨습니까? 그리고 현재 주력 사업이 성장 정체된 근본 원인이 시장 포화인지, 경쟁 심화인지, 아니면 내부 역량 한계인지 구체적으로 진단해보셨나요? 신사업으로 고려 중인 분야가 기존 사업의 핵심 역량(고객 관계, 기술, 유통망 등)과 어떤 시너지를 만들 수 있으며, 5년 후 시장 환경에서 어떤 경쟁 우위를 확보할 수 있다고 판단하십니까?"

도전 질문 : "만약 모든 기존 사업을 매각하고 확보한 자금으로 완전히 새로운 사업을 시작한다면 무엇을 하겠습니까? 그리고 현재 가장 애착을 갖고 있는 사업이나 '우리 회사의 정체성'이라고 생각하는 사업을 포기한다면 어떤 새로운 가능성이 열릴까요? 포트폴리오 정리를 '축소가 아닌 '집중을 통한 10배 성장'의 관점에서 본다면, 어떤 한 분야에서 업계 1위가 될 수 있는 시나리오를 그릴 수 있습니까?"

실행 질문 : "다음 6개월 안에 실행할 구체적인 로드맵은 : 1) 수익성 낮은 3개 사업부의 매각 가능성과 예상 가격 조사하여 자금 확보 규모 파악, 2) 성장 정체된 주력사업의 혁신 가능성을 3개월간 집중 투자로 테스트해보기, 3) 신사업 후보 2–3개를 소규모 파일럿으로 동시에 실험하여 시장 반응 확인하기 중 어떤 순서로 진행하겠습니까? 그리고 각 단계별로 Go/No Go 결정을 내리는 명확한 기준(매출, 수익성, 시장 반응 등)을 어떻게 설정하겠습니까?"

이 중에서 어떤 현자의 관점이 가장 와 닿으시나요? 특정 현자의 철학과 접근법을 더 깊이 탐구하고 싶으시면 언제든 말씀해 주세요.

예시 4 : 리더십 고민

나의 고민 주제 : 팀원들의 업무 동기가 떨어지고 성과도 나오지 않아서, 어떤 리더십 스타일로 팀을 이끌어야 할지 방향을 잡지 못하고 있습니다.

답변4 : 현자들의 문제 재정의

비즈니스 리더(스티브 잡스) 문제 재정의 : 팀의 동기 부족은 비전의 부재에서 옵니다. 사람들은 단순히 일을 하려는 것이 아니라 의미 있는 무언가에 기여하고 싶어합니다. 당신이 팀원들에게 "왜 이 일을 해야 하는가."에 대한 명확하고 영감을 주는 답을 주지 못했기 때문입니다. 리더십 스타일을 바꾸는 것보다 먼저, 팀이 함께 만들어갈 미래에 대한 생생한 그림을 그려주어야 합니다.

경영 사상가(피터 드러커) 문제 재정의 : "사람을 관리할 수는 없고, 이끌 수만 있다."는 것이 핵심입니다. 동기 부족과 저 성과는 보통 역할의 모호성, 부적절한 업무 배치, 그리고 성과에 대한 피드백 부족에서 나옵니다. 리더십 스타일을 고민하기 전에, 각 팀원이 자신의 강점을 발휘할 수 있는 올바른 자리에 있는지, 그리고 무엇을 성취해야 하는지 명확히 알고 있는지부터 점검해야 합니다.

창의적 사상가(레오나르도 다빈치) 문제 재정의 : 진정한 창조는 호기심과 자유로운 탐구에서 나옵니다. 팀원들의 동기가 떨어진 것은 그들이 기계적인 업무 수행자로 취급받고 있기 때문일 수 있습니다. 각자의 독특한 관점과 아이디어를 존중하고, 실험과 학습을 장려하는 환경을 만들어야 합니다. 완벽한 결과보다는 창의적인 과정을 인정하고 격려하는 리더십이 필요합니다.

철학자/과학자(소크라테스) 문제 재정의 : "너 자신을 알라."는 말처럼, 진정한 리더십은 자기 인식에서 시작됩니다. 팀원들의 동기 부족을 외부 문제로만 보지 말고, 당신 자신의 리더십 행동이 어떤 영향을 미쳤는지 성찰해야 합니다. 그리고 일방적으로 이끌려 하지 말고, 팀원들과 대화를 통해 그들이 진정 원하는 것이 무엇인지 질문하고 발견하는 과정이 필요합니다.

통합 코칭 질문

위 4명 현자의 관점을 종합하여 다음 3가지 핵심 질문을 드립니다.

탐색 질문 : "지난 3개월간 팀원들과 업무 외적인 진솔한 대화를 나눈 적이 얼마나 됩니까? 각 팀원이 개인적으로 어떤 성장을 원하고, 어떤 업무에서 에너지를 얻으며, 현재 가장 답답해하는 것은 무엇인지 구체적으로 알고 계십니까? 그리고 팀원들이 현재 하는 일이 회사나 고객에게 어떤 의미 있는 변화를 만들어내는지에 대해 명확하고 생생하게 설명할 수 있습니까?"

도전 질문 : "만약 팀원들이 당신 없이도 스스로 동기부여되고 높은 성과를 낼 수 있다면, 그 상황은 어떤 모습일까요? 현재 당신이 '관리'하고 '통제'하려는 것들 중에서 오히려 팀원들의 자율성과 창의성을 억압하고 있는 것은 무엇입니까? 그리고 각 팀원의 고유한 강점과 관심사를 업무에 더 많이 반영할 수 있는 방법은 무엇이며, 실패를 두려워하지 않고 도전할 수 있는 심리적 안정감을 어떻게 조성하겠습니까?"

실행 질문 : "이번 주 안에 실행할 수 있는 구체적인 행동은 1)각 팀원과 1 : 1로 30분씩 '업무가 아닌 개인적 목표와 고민'에 대해 경청하는 시간 갖기, 2) 팀 전체가 함께 달성할 의미 있는 목표를 정하고 그 목표가 왜 중요한지 스토리로 설명하는 팀 미팅 개최, 3) 팀원 각자가 가장 잘하는 것과 가장 하고 싶어 하는 업무를 매칭하여 역할 재조정하기 중 어느 것부터 시작하겠습니까? 그리고 2주 후 팀의 분위기와 에너지 변화를 어떤 방식으로 측정하고 평가하겠습니까?"

이 중에서 어떤 현자의 관점이 가장 와 닿으시나요? 특정 현자의 철학과 접근법을 더 깊이 탐구하고 싶으시면 언제든 말씀해주세요.

어떤가? 현자들의 문제 재정의와 그들이 제안하는 질문이 당신에게 영감을 주고, 스스로 재점검하며 다른 방법을 찾는 코칭 엔진이 될 것 같은가? 그렇다면, 당신의 고민 사항을 구체적으로 넣고 현자들로부터 영감을 얻는 AI 스토밍을 당장 해보자. (참조 : '현자들의 코칭 프롬프트'가 너무 길기 때문에 스마트폰으로 프로프트 탬플릿을 사진 촬영해서 이미지를 넣어주거나 www.aibrainstorming.co.kr 사이트로 들어가면 AI 스토밍 방법론 5에 이 프롬프트가 있다. 하단의 초록색 복사하기 버튼을 눌러 선호하는 AI에 붙여넣기를 하면 편하게 쓸 수 있다.)

정보 보안과 AI 활용의 현명한 균형

• • •

많은 리더들이 AI 브레인스토밍을 언급하면 가장 먼저 '내부 정보가 외부로 유출되지 않을까' 걱정한다. 이런 우려는 당연하다.

하지만 보안 위험을 이유로 AI 활용을 금지하거나 포기하는 것은, 해킹이 무서워서 인터넷을 끊거나 교통사고가 두려워서 자동차를 타지 않겠다는 것과 같다. 핵심은 막느냐 쓰느냐가 아니라 어떻게 안전하게 쓰느냐다.

시스템 구축 등 기업이 구조적, 체계적으로 추진하는 것과 비용이 큰 것은 논외로 하고, 어떤 조직이든 가장 기본적으로 할 수 있는 일이 두 가지가 있다고 본다. 정보를 민감도 레벨로 구분하는 것과 AI와의 대화 가이드라인을 만드는 것이다.

정보 민감도를 구분하라

정보의 내부적 가치나 외부적 파장이 다르므로 기준이 필요하다. **공개 정보**인 시장 트렌드, 경쟁사 공시, 뉴스, 특허 등은 원천적으로 외부 자료이므로 AI 활용이 자연스럽다. **중간 수준 정보**는 내부 데이터를 직접 언급하지 않더라도 공개된 자료와 결합해 인사이트를 얻을 수 있다. 예를 들어 "우리 신제품 ○○의 시장성" 대신 "이 산업에서 최근 출시된 신기술 제품의 성공 조건은 무엇인가."처럼 질문을 바꿀 수 있다.

반면에 고도 기밀 정보인 신제품 설계, 핵심 기술, 인사·재무 관련 정보는 외부 AI에 입력하지 않는다는 원칙과 그 원칙이 적용되는 범위가 필요하다.

부서별로는 마케팅·홍보팀은 캠페인 아이디어, 카피 문구, 트렌드 해석에 AI를 활용할 수 있지만 신제품·신기술 언급은 금지한다. 전략·리서치팀은 시장 동향, 경쟁사 분석, 고객 니즈 탐색에 활용 가능하되 내부 데이터와 직접 연결하는 질문은 주의해야 한다. R&D·기술부서는 기본 기술 동향, 해외 특허 흐름 분석은 활용하되 자사 기술명·프로젝트명을 직접 입력하는 것은 금지한다. 부서와 업무 특성에 맞는 세부 가이드 라인이 있으면 막연한 금지보다 훨씬 안전하고 현실적이다.

각 리더별로 업무 특성에 맞는 정보 민감도를 구분, 정리하여 조직원들이 1차적으로 활용할 수 있게 하고 이것을 전사적으로 통합해 정보 인덱싱과 자동 차단 기능이나 알람이 작동하게 하는 소스로 활용할 수 있을 것이다.

우회적으로 질문하라

IR 임원 시절, 투자자와 기자들의 질문에 대해 답하는 커뮤니케이션 가이드 라인을 만들어 교육했던 경험이 있다. 그때 가이드 라인은 질문에 그대로 답하지 말 것, 상황이 비슷한 것으로 우회 또는 비유로 답할 것, 고객사 정보가 노출되게 하지 말고 "미국 회사"나 "1등 고객" 식으로 유추할 수 있는 별명을 쓸 것, 등이었다. AI와의 소통에서도 마찬가지다. 직접적 질문 대신 우회적 질문법을 통해 안전하게 쓰도록 가이드 라인을 만들어 교육할 수 있다.

예를 들어 AI를 쓸 때 "○○ 전략"이나 "○○ 제품"을 직접 언급하지 말고 우회적으로 접근하는 것이 필요하다. 비즈니스 전략을 직접 검토시키는 것보다 "가상의 스타트업이 우리 회사를 위협한다면 어떻게 공략할까?" "중국 샤오미의 레이쥔을 스카웃해서 한국 가전업계를 혁신한다면 어떤 방식으로 접근할까?" 같은 식으로 질문을 바꾸면 내부 기밀을 직접 드러내지 않고도 충분한 통찰을 얻을 수 있다.

리서치 단계에서는 직접적인 지시가 중요하지만, AI 큐레이션이나 브레인스토밍 단계는 아이디어나 영감을 얻는 것이 목적이므로 직접적인 용어보다는 상황을 우회적으로 설명하는 것만으로도 목적을 달성할 수 있다. '모로 가도 서울만 가면 된다'는 말처럼, 직선 도로가 아니더라도 답을 찾아올 수 있다.

먼저 Super User가 되어 답을 찾는다

모든 혁신 기술은 비슷한 패턴을 따라 확산되어왔다. 인터넷, 스마트폰, 소셜미디어 모두 개인들의 체험이 확산되면서 사회적 인프라로 자리 잡고, 그즈음 기업들이 기업용 솔루션을 내놓으며 본격 확산됐다.

지금 AI도 정확히 같은 패턴을 보이고 있으나 확산 속도는 훨씬 빠르다. 개인들은 이미 챗GPT, 클로드, 제미나이를 일상적으로 사용하고 있다. 직장인들은 개인 계정으로 업무 관련 질문을 AI에게 묻고, 학생들은 과제와 학습에 AI를 활용하고 있다. 역사적 패턴을 보면 이런 개인적 흐름은 결국 모든 조직으로 확산된다.

문제는 리더가 이런 시대적 흐름에 뒤처지면 안 된다는 것이다. 인터넷을 활발하게 써보지 않은 리더가 전자상거래 전략을 제대로 세울 수 있을까? 스마트폰을 일상에서 써보지 않은 임원이 모바일 앱 개발에 올바른 투자 결정을 내릴 수 있을까? AI도 마찬가지다. "들어본 것" "테스트해본 것"과 "직접 제대로 써본 것"의 차이는 크다.

"AI를 어떻게 정보 유출 없이 쓸 것인가"는 물론 쉬운 문제는 아니다. 그러나 보안 우려를 근거로 조직적 사용을 늦추는 것은 더 큰 경쟁 리스크를 초래할 수 있다. 그 자체가 조직의 생존을 위협하는 더 큰 리스크가 될 수 있다는 점을 간과해서는 안 된다.

정보 보안은 AI 활용을 포기하는 이유가 아니라, 더 현명하게 활용하는 방법을 찾는 동기가 되어야 한다. 단계적이고 체계적인 접근을 통해 보안과 혁신, 두 마리 토끼를 모두 잡는 방법은 리더들의 AI 활용과 고민에서 나온다.

회의실로 AI를 초대하자

• • •

어떤 기업은 회의실 한쪽에 빈 의자를 두고 '고객의 자리'라 부른다. 이는 언제나 고객 관점에서 생각하고, 고객의 목소리를 잊지 말자는 상징적인 장치다. 이제 여기에 'AI 직원의 자리'를 더하면 좋겠다. AI를 회의실에 의도적으로 초대해, 사람과 동등한 위치에서 사고의 파트너로 앉히는 것이다.

과거에는 회의 중 검색을 하거나 즉석에서 답을 찾는 것이 예의에 어긋난다고 여겨졌다. 수십 장의 보조 자료를 미리 준비해 와야 했고, 실시간 정보 탐색은 상상하기 어려웠다. 그러나 이제는 다르다. AI가 회의실에 앉으면서, 정보 탐색과 아이디어 발굴의 방식이 혁신적으로 바뀔 수 있다. 예를 들어 "방금 발표된 해외 뉴스 중에, 우리에게 영향을 주는 내용이 있을 것 같아요. AI로 확인할게요."라고 할 수 있다.

리더 또한 AI 활용이 일상화되면 업무 지시가 프롬프트 입력하는 것처럼 체계화될 수 있다. 리더가 명확한 목적과 기대 결과, 참고 자료를 제시하면 팀원들은 AI와 함께 자료를 조사하고, 데이터와 트렌드, 예상치 못한 인사이트를 수집한다.

AI는 집단지성의 촉매제가 된다

현실의 회의에서는 토론이 안 되고, 조용해지는 순간이 있다. 집단지성을 발휘하자고 모였지만, 오히려 같은 성향의 사람들끼리 비슷한 말만 반복하는 경우. 이럴 때야말로 AI가 최고의 퍼실러테이터가 될 수 있다.

AI에게 단순히 답을 찾는 역할을 넘어, 의도적으로 반대 의견 Devil's Advocate 을 제시하거나, 논의의 방향을 흔드는 질문을 던져 토론을 깊게 만드는 역할을 줄 수 있다. 이는 기존에 한 방향으로 쏠리던 의견이나 침묵을 깨는 데 효과적이다. "현재 내용은 비용 절감에만 집중되어 있으니, 반대로, 프리미엄 고객군이나 '가치 상승'을 점검해보자."는 식의 답이 나올 수 있다.

AI는 눈치를 보지 않는다. 객관적인 데이터와 논리로만 말하기 때문에, 조직 내 침묵이나 권위주의적 분위기도 자연스럽게 완화된다. 리더 역시 AI의 반론을 계기로 논의의 포인트를 확장하고, 새로운 실행 방안을 설계할 수 있다.

회의가 끝나면 팀원들은 현장으로 나가 고객을 만나고, 시장을 관찰하며, 경쟁사의 움직임을 살핀다. 현장에서 얻은 정보는 다시 AI와 인간의 대화에 투입되고, 보고서는 한층 더 업그레이드되고 실행은 한층 정교해진다.

이 과정에서 팀원들은 리더의 전략적 사고와 AI의 반론, 시나리오를 접하며 사고의 틀이 확장된다. 불필요한 보고서 작성에 소모되는 시간은 줄고, 남는 시간에는 더 많은 현장 경험과 실행의 기회를 잡는다. 회의실은 이제 일방향의 보고 공간이 아니라, 생생하고 임팩트 있게 함께 논의하는 장이 된다.

특히 회의 문화가 질문이 없고 침묵이 대부분인 조직이라면 AI를 더욱 적극적으로 활용해야 한다. 조직원이 침묵하는 이유는 다양하다. 정말 몰라서 말을 못 하는 경우도 있지만, 리더의 의견이나 이미 굳어진 컨센서스에 반기를 들고 싶지 않거나, '말해봤자 소용없다'는 무력감 때문일 수 있다. 이럴 때, 눈치 보지 않고, 객관적인 데이터와 논리로만 말하는 AI가 침묵을 깨는 역할을 할 수 있다.

다만, AI의 적극적 활용에는 보안 이슈가 걸림돌이 된다. 기밀 정보와 전략 논의는 내부 전용 AI 시스템에서 처리하고, 트렌드 분석이나 아이디어 발굴 등은 외부 AI 도구를 활용하는 혼합 전략이 필요하다. AI 활용의 범위와 목적을 명확히 구분하고, 데이터 보안 체계를 갖추는 것이 필수적이다.

AI를 회의실에 앉혀 적극적으로 활용하는 조직은 브레인스토밍의 깊이와 실행 속도, 결과물의 차별성에서 확연한 우위를 점할 수 있다. AI는 침묵을 깨고, 새로운 시각을 제공하며, 인간의 한계를 보완하는 집단지성의 촉매제가 된다. 결국, "리더가 AI를 얼마나 잘 쓰는가, 그것이 곧 조직의 지적 생산성을 결정한다."

AI는 집단지성의 핵심이다. 회의실의 판을 바꿔야 할 때다.

2부

시대에 맞는 기초 체력을 키우자

1부가 AI로 더 현명해지는 리더를 만드는 기술적 노하우를 다뤘다면 2부는 시대의 흐름을 읽고 그에 맞는 리더십의 기초 체력을 기르는 여정이다.

AI를 깊이 경험하다 보면 누구나 피할 수 없는 질문들과 마주하게 된다.

AI가 인간의 두뇌 역할을 대신하는 시대에 '안다'는 것의 의미는 무엇일까?
이제 우리는 무엇을 공부하고, 어떤 실력을 쌓아야 할까?
많은 직업이 변화하는 지금, 앞으로 '좋은 직업'은 도대체 무엇일까?
그리고 이 거대한 변화 앞에서 우리는 어떤 인재가 되어야 하는가?

이 네 가지 질문을 따라가며, 무엇을 준비해야 하는지 함께 생각해보려 한다. 마지막 질문인 '어떤 인재가 되어야 하는가'는 별도의 파트로 만들어 더 깊이 다루었다.

운동선수가 스킬과 재능만으로는 오래 버틸 수 없듯, 우리 역시 AI 시대를 살아가려면 노하우와 기술만으로는 부족하다. AI 시대에 맞는 사고의 근육, 경험의 체력, 인간다움의 지구력을 함께 단련해야 한다. 기술과 기초 체력이 조화를 이룰 때, 비로소 우리는 AI 시대를 이끄는 주인공이 될 수 있다.

Chapter 4

AI 시대의 3가지 질문

이 챕터에서는 '안다'는 것, '공부'하는 것, 그리고 '좋은 직업'의 의미라는 3가지 핵심 개념이 AI 시대에 어떻게 변화하는지를 다룬다.

먼저 '안다'는 것의 의미가 달라진다. 더 이상 지식의 축적만으로는 충분하지 않다. 경험으로 체득하여 단단해지는 단계까지 나아가야 한다. 이에 따라 '공부'의 의미도 변한다. 진짜 공부는 책상 앞에 앉아 있는 것을 넘어, 현장에서 직접 '부딪히며' 배우는 것이다.

그렇다면 '좋은 직업'이란 무엇일까? 그 기준 역시 달라지고 있다. 더 이상 평생 안정된 직장은 존재하지 않는다. 이제 진정한 의미의 좋은 직업은 내가 몰입하고 성장할 수 있는 무대여야 한다.

그 무대 위에서 우리가 해야 할 일은 분명하다. AI와 협업하는 구조를 스스로 설계해 생산성을 비약적으로 높이는 것, 그리고 그렇게 확보한 시간과 에너지를 인간만이 할 수 있는 영역 — 관계 맺기, 상황 판단, 창의적 사고, 실행력 — 으로 옮기는 것이다.

이를 위해서는 사고의 전환이 필요하다. 바로 직업을 '명사'가 아닌 '동사'로 보는 관점이다.

예를 들어 "나는 마케터다."라고 정의하면, 시장 조사나 보고서 작성이 AI에게 넘어갈 때 위기를 느낄 수 있다. 하지만 "나는 브랜드의 가치를 발견한다, 고객과의 관계를 설계한다, 세상의 흐름을 읽어낸다."처럼 동사형으로 자신을 정의하면 AI가 대신할 수 없는 통찰과 기획, 인간적 감각의 영역에 집중할 수 있다.

이처럼 인간 고유의 영역으로 역할을 확장해가는 일은 단순히 '직업을 가진다'는 차원을 넘어선다. 그것은 곧 나만의 업業을 스스로 빚어내는 일이며, 일의 의미를 창조하는 존재로 거듭나는 과정이다.

# 질문 1 : '안다'는 것의 의미는 어떻게 바뀌어 갈까?

"너 송혜교 알아? 전지현은?"

이 질문에 대부분 "알아요."라고 대답할 것이다. 하지만 우리는 정말 그들을 '아는' 걸까? 함께 시간을 보내본 적이 있는가? 식사를 하며 이야기를 나눈 적은? 단순히 이름과 얼굴을 안다고 해서, 진정으로 그 사람을 안다고 할 수는 없다. 이 간단한 질문 속에는 AI 시대의 본질적인 화두가 숨어 있다. 너무나 많은 정보와 지식이 눈앞에 펼쳐진 지금, 사람들은 쉽게 '안다'고 착각하게 된다. 연예인을 안다고 하듯 말이다.

시대마다 달라진 '앎'의 의미

우리가 무심코 쓰는 '안다'는 말. 이 단순해 보이는 단어 속에는 인류 문명의 역사가 켜켜이 쌓여 있다. 시대가 변할 때마다 '앎'은 새로운 옷을 입었고, 낡은 의미는 조용히 무대 뒤로 사라졌다. 마치 지층처럼, 각 시대의 '앎'은 이전 시대의 토대 위에 새로운 층을 더하며 진화해왔다.

구전 시대 : 몸으로 기억하는 앎

문자가 없던 시대에 '안다'는 것은 경험하고 기억하는 능력 그 자체였다. 부족을 이끄는 족장이 별자리로 계절을 읽고, 약초의 향으로 병을 치료하던 시절. 농부의 손이 흙의 습도를 느끼듯, 경험이 곧 지혜였고 체득이 곧 지식이었다.

문자 시대 : 지식 접근권이 곧 권력

그러다 문자가 생기고, 필사본이 만들어지던 시대가 오면서 '안다'는 것은 희소한 지식에 접근할 수 있는 권리를 의미하게 되었다. 중세 수도원의 도서관, 조선 성균관의 장서각 등에 들어갈 수 있는 사람의 가치가 높아졌다. 세종대왕이 한글을 창제했을 때 양반들이 격렬히 반대한 이유, 그들이 그토록 두려워했던 것은 지식 독점권의 붕괴였다. 그 시대에 '안다'는 것은 곧 계급이자 권력이었다.

인쇄 시대 : 축적과 전문성

구텐베르크의 인쇄기가 돌아가자 지식의 대중화를 열었다. 책이 대량으로 인쇄되며 지식의 접근성이 폭발적으로 높아지자 '안다'는 것은 지식의 양적 축적으로 바뀌었다. 전문가는 한 분야에 대한 방대한 지식을 쌓은 사람을 뜻했고, 시험은 그 지식의 양을 재는 도구가 되었다. 이때부터 '얼마나 많이 아는가'가 곧 능력의 기준이 되었으며, 그 사고방식은 인터넷 시대와 AI 시대까지인 현재까지 이어지고 있다.

인터넷 시대 : 검색하고 연결하는 앎

인터넷이 등장하면서 "그거 검색하면 다 나오는데……."라는 말이 전문가의 권위를 흔들었다. 이제 정보를 많이 가진 사람보다 필요한 정보를 빠르게 찾고, 가짜를 걸러내고, 흩어진 점들을 연결해 통찰을 만드는 사람이 중요해졌다.

AI 시대 : 되돌아온 경험의 가치

그리고 지금, 우리는 다시 한 번 '앎'의 의미가 변하는 전환기에 서 있다. AI가 인류가 기록해온 거의 모든 지식을 다루게 되면서, 정보 접근의 한계는 거의 사라졌다. 인간만이 지닐 수 있는 '경험을 통해 체득한 지혜'와 '암묵지'의 가치가 다시 빛나고 있다.

흥미로운 점은, 기록이 없던 구전의 시대와, 모든 지식이 손 안에 들어온 AI 시대의 '앎'은 결국 같은 곳에서 만난다는 것이다. 경험과 체득. 기술이 아무리 발전해도, 앎의 본질은 결국 살아 있는 경험 속의 깨달음으로 되돌아오는 것이다. 다만 이제 우리는 AI와 함께 더 깊이, 더 풍성하게 깨달을 수 있게 되었다.

동양의 지혜 : 체화된 지식, 지행합일

동양에서는 예로부터 '체화된 지식'을 중요하게 여겨왔다. 공자의 '지행합일知行合一'은 앎과 행함이 하나라는 의미로, 진정한 앎은 실천을 통해 완성된다는 철학이다. 일본의 경영학자 노나카 이쿠지로野中郁次郎는 '암묵지'와 '형식지'의 구분을 통해 이 개념을 현대적으로 해석했다. 형식지는 문서나 매뉴얼로 표현할 수 있는 지식이지만, 암묵지는 경험과 실천을 통해서만 습득할 수 있는 지식이다.

AI 시대에 인간만의 고유한 '앎'은 바로 이 '암묵지' 영역에 있다. AI가 방대한 형식지를 처리할 수 있지만, 실제 경험을 통해 체득하는 암묵지는 여전히 인간만의 영역이다. AI가 경험의 과정을 대신할 수는 없다. AI가 주는 결론 속에는 수많은 현실의 시행착오와 눈물과 시련의 과정이 담겨 있지만, 그 긴 시간과 노력은 활자로 나타나지 않는다. 그 행간을 읽어내는 것은 사람의 몫이다.

예를 들어 AI가 보고서를 위한 리서치와 작성은 도와주지만, 이 보고서가 성공적으로 실행되기 위해서는 현장의 맥락과 경험적 지혜가 필요하다. AI가 글로벌 시장 진출 전략을 제안할 수 있어도 현지 문화와 비즈니스 관행에 대한 이해와 경험 없이는 성공하기 어렵다. AI가 조직 관리론은 알려주지만, 조직 내 암묵적 권력 구조와 정서를 고려하지 않으면 실패할 가능성이 높다.

지식이 있다고 실행을 잘하는 것은 아니다. 실행을 한다고 해서 반드시 성과가 나오는 것도 아니다. 지식이 실행과 성과로 이어지려면 그 사이를 메우는 경험적 암묵지의 연결이 필요하다.

'학'에서 '습'으로

공자는 "학이시습지, 불역열호學而時習之, 不亦說乎."라 하여, 배우고 때때로 그것을 익히는 기쁨을 강조했다. 여기서 '습習'은 단순한 반복이 아닌, 배운 것을 실제로 적용하고 체득하여 자신의 것이 되게 하는 과정이다. 그러나 AI 시대에는 '학' 다음에 '습'이 순차적으로 오지 않으며 '학'보다 '습'이 더 중요해진다. 지식이 이미 넘쳐나기 때문에 이제는 그것을 활용하고 실천하는 '습'의 과정에서 경쟁력이 생기기 때문이다. 육아책을 많이 읽는다고 실제 육아를 잘하는 것이 아니듯, AI가 제공하는 방대한 지식도 수많은 시도와 경험의 통로를 지나야 비로소 '나의 지식'이 된다.

그래서 AI 시대의 진정한 앎의 과정은 'Learning by Doing', 'Doing by Learning'이다. 하면서 배우고, 배우면서 행하는 것이다. 지식을 머리에만 담는 사람과 그것을 현실에서 부딪히며, 실패와 성공을 반복해 암묵지로 쌓는 사람의 차이는 점점 더 커질 것이다. AI는 방대한 지식을 대신 다룰 수 있지만, 부딪히고, 실패하고, 다시 일어서는 과정은 대신 겪어줄 수 없기 때문이다. 지식이 넘쳐나는 시대일수록, 진짜 앎은 여전히 몸으로 부딪히고, 실패하고, 다시 시도하며 마음으로 익히는 그 과정 속에서 완성된다.

이 말은 세상의 모든 일을 직접 경험하라는 뜻은 아니다. 의사가 모든 병에 걸려봐야 치료를 잘하는 것은 아니지만, 병을 직접 겪어본 의사는 환자의 마음을 다르게 이해한다. 그 차이가 곧 깊이의 차이이고, 그 깊이가 곧 경쟁력이다. 경험의 가치는 그 맥락과 감정의 결에 있다. 지식이 이론으로만 존재할 때는 세상이 단순하게 보이지만, 현실은 늘 변수가 많고 현장에서는 생각과 전혀 다른 결론으로 흐르기도 한다. 그 차이를 감지하고 유연하게 대처하게 해주는 것이 바로 경험을 통해 얻은 맥락적 지혜다.

모든 것을 경험할 수는 없다. 하지만 우리가 할 수 있는 일은 지식 위에 경험의 층을 쌓는 것, 즉 '앎에 현실 감각을 더하는 노력'이다. 그렇게 쌓인 한 겹의 경험은 나만의 지식이 되고, 그 나만의 지식이 쌓여 암묵지의 숲, 지혜의 숲을 이루게 된다.

그렇기에 AI 시대에는 "너 이거 알아?"보다 "너 이거 해봤어?"라는 질문이 더 중요해진다. 지식의 보유 여부보다 경험의 깊이와 다양성, 그로부터 피어난 맥락적 통찰이 사람의 가치를 결정하는 시대가 온 것이다.

취업 면접에서도 "배워서 알고 있나요?"보다 "실제로 해본 경험이 있나요?"가 더 핵심적인 질문이 될 것이다. 학점이나 자격증보다 프로젝트 경험과 실제 문제를 해결해본 사람을 더 높게 평가하게 될 것이다.

그렇다면 '앎'이 이렇게 바뀌는 시대에, 공부는 어떻게 달라져야 할까? 다음 장에서 살펴보자.

질문 2 : 무엇을 '공부'하고 어떤 '실력'을 쌓아야 하는가?

'안다'는 것의 의미가 지식의 축적에서 경험을 통한 체득으로 바뀌었다면, '공부'와 '실력'의 의미도 함께 바뀌어야 한다. AI가 세상의 모든 정보를 다루는 시대에, 공부는 더 이상 지식을 축적하는 일이 아니다. AI 시대의 공부는 지식을 자신의 경험 속에서 다시 해석하고, 실천을 통해 지혜로 전환하며, 그 속에서 질문을 던지고 방향을 설계하는 과정으로 진화해야 한다.

공부의 본래 의미를 되찾다

"공부 좀 해라."

오랜 세월 이 말은 책상 앞에 앉아 조용히 교과서를 외우고, 이해하고, 성적을 올리는 행위를 뜻했다. 그러나 공부의 본래 뜻은 달랐다. 한자로 공부는 '공부工夫'다. 공工은 손과 도구를 써서 무 엇인가를 만드는 창조의 행위이고, 부夫는 자기 삶을 주도하는 어 른이란 의미를 갖고 있다. 즉, 공부란 단순히 지식을 쌓는 일이 아 니라, 삶을 다듬고 문제를 풀어가는 실천이자 자기 수련의 과정이 었다.

하지만 산업화 시대를 거치며 우리는 그 본래의 뜻을 잃어왔다. 선진국을 빠르게 따라잡는 '패스트 팔로워 fast follower' 전략이 필요 했던 시대, 이미 정해진 정답을 얼마나 빨리, 얼마나 많이 알고 적 용하느냐가 성패를 갈랐다. 이런 환경에서 공부는 지식 축적과 그 수준을 측정하는 성적이 평가 잣대였다. 지식의 축적 → 좋은 성 적 → 좋은 대학 → 좋은 직장 → 안정된 삶이라는 등식은, 적어 도 그 시대엔 틀리지 않았다. 한국의 경제 성장을 이끈 세대들은 이러한 공식을 믿고 실천했고, 높은 교육열은 분명 한국의 빠른 발전에 기여했다.

하지만 이제 시대가 바뀌었다. 불확실한 미래는 피할 수 없는 전제가 되었고, 저성장, 고령화, 기후 위기, 인구 절벽 등 앞날을 예측하기 어려운 과제들이 넘쳐난다. 우리가 스스로 개척해야 할 문제들이 쏟아지고 있다.

여기에 AI가 가져온 지식의 민주화는 더 큰 전환점이 된다. 누 구나 챗GPT와 같은 도구를 통해 최고의 정보와 학습 자원에 접 근할 수 있게 되었다. '지식의 격차'는 줄고 '질문의 격차', '실행의 격차'가 중요해지는 시대다. 맥킨지 글로벌 연구소는 미래 직업 시장에서 가장 수요가 높아질 역량으로 비판적 사고, 창의성, 사회적 지능, 그리고 복잡한 문제 해결 능력을 꼽는다. 이들은 모두 지식의 축적만으로는 쉽게 얻을 수 없는 역량들이다.

'답'에서 '해결'로

AI 시대의 공부는, 이제 정답을 맞히는 일이 아니라 질문을 던지고, 시도하고 부딪히며, 실패하면서 감각으로 체득해내는 과정이다. 여기서 중요한 구분이 필요하다. '답'은 이미 정해진 결론을 의미한다. 우리는 지금까지 정답이 존재하고, 그것을 빨리 찾는 것이 공부라고 믿어왔다.

하지만 '해결'은 다르다. 해결에 중점을 두면 과정 자체가 중요해진다. 과정의 가치가 올라가고, 그 과정에서 만나는 다양한 문제들, 갈등을 핸들링하는 역량 모두가 공부의 영역에 포함된다.

단순한 지식의 축적이 질적 변화를 만들지 않는다. 그 축적 과정 속에서 시도하고, 실패하고, 시련을 겪는 과정, 즉 '습習'의 과정을 거치며 화학 작용이 일어난다. 진짜 내 것이 되어 체화되는 과정 말이다.

실전 중심 교육의 등장 : 팀스파르타 사례

이런 변화를 반영하는 교육 모델이 이미 등장하고 있다. IT 교육 스타트업 '팀스파르타'는 수년 사이에 연 매출 1억 원을 600억 원으로 키우며, 매년 100% 이상 성장하고 있다. 그들의 성공 비결은 명확하다. 전통 교육업체들이 지식을 전수하는 데 그치는 데 비해, 그들은 학습자가 AI 도구를 활용하며 실제 문제를 해결하는 과정 자체를 교육의 핵심으로 삼았다.

팀스파르타는 코딩 교육을 마치고 나면, 업무에 활용할 AI 도구를 수강생이 직접 만들도록 지원한다. 교육 시작 전에 인터뷰를 통해 기업이 해결하고 싶은 실제 문제를 파악하고, 그 문제를 해결하는 AI 도구를 가르치고 해결책은 수강생 스스로가 만들어내도록 돕는다. 당면한 과제를 반영한 실습 중심 커리큘럼을 운영하는 것이다. 그 결과 교육 직후 실무에 바로 반영할 수 있는 툴을 개발해 높은 활용도를 자랑한다. 하루 넘게 걸리던 리포트 작성을 10분 내로 단축하는 등, 기업 경쟁력과 직결된 AI 역량 내재화에 기여하고 있다. 이것이 바로 '학'과 '습'의 조화를 이룬 공부 방식이다.

하버드 대학의 교육학 교수 토니 와그너는 "지식이 아닌 호기심, 문제 해결 능력, 협업 능력이 미래 성공의 핵심 요소"라고 강조한다. 이 핵심 요소는 지식 습득만으로는 얻을 수 없다. 실제 문제를 해결하는 과정에서 필요한 지식을 찾고 적용하는 능력이 중요해지는 세상이다. 앞으로는 내 앞의 문제를 해결하기 위해, 그 문제와 부딪히며 배우는 시대다. 교과서보다 현실이 더 빨리 변하고, 배울 '학'보다 익힐 '습'이 중요한 시대가 되었다.

공부의 재정의

AI 시대의 공부는 '많이 아는 것'이 아니라 '부딪히며 배우는 일'이다. 질문을 던지고 실행하며 스스로 문제를 해결해가는 경험을 축적하는 것이다. 책상 위의 '학'에서 벗어나, 삶 속의 '습'으로 나아갈 때 지식은 비로소 나의 길이 된다. 여기에 AI가 연결되며 더 큰 배움으로 진화해가는 평생의 과정이다.

어떤 '실력'을 쌓아야 하는가? 학력에서 실력으로, 실력에서 지행력으로

우리는 학교에 다닐 때는 '학력學歷'을, 사회에 나오면 '실력實力'을 말한다. 학력은 어디서 무엇을 배웠는가의 궤적이고, 실력은 그 경험이 녹아 무언가를 이루어내는 힘이다.

산업화 시대에는 학력과 지식이 곧 실력의 대체재였다. 명문대 졸업장만으로도 능력이 증명되던 시대였다. 그러나 AI가 모든 지식을 순식간에 제공하는 지금, 지식만으로는 실력이 되지 않는다. 중요한 건 지식을 실행으로 전환할 수 있는가다.

앞에서 우리는 AI 시대에 '안다'는 것의 의미가 바뀌었음을 확인했다. 지식 축적이 아니라 경험으로 체득하고 실천으로 증명하는 것이 진정한 앎이 되었다. 이어서 '공부'도 답을 찾는 것이 아니라 문제를 스스로 해결하는 힘을 키우는 경험의 과정으로 재정의하였다. 그리고 이 변화는 우리가 생각하는 '실력'의 의미까지 바꿔놓을 수밖에 없다.

이 모든 변화를 관통하는 키워드로 '지행력知行力'이란 개념을 말하고 싶다.

AI가 '지知'의 영역을 거의 완벽하게 대체한 지금, 인간에게 남은 것은 '행行'과 그 과정에서 체득되는 '력力'이다. 공자가 말한 '지행합일'에서 출발한 지행력은 지식을 실행으로 전환하고, 그 과정에서 체득한 경험을 다시 지혜로 만들어내는 순환의 힘을 말한다.

AI는 보고서를 요약하고, 코드를 생성하며, 심지어는 협상 자료 초안도 써준다. 하지만 완벽한 보고서를 받아도 실제 전략으로 실행하는 건 다른 문제다. AI가 제시한 코드를 현장 상황에 맞게 수정하고 적용하는 건 또 다른 능력이다. 법률 문서 초안을 받아도 구체적인 협상 테이블에서 상황을 읽고 대응하는 건 경험이 필요하다. AI가 채우지 못하는 이 간극이 바로 지행력의 영역이다. 팀 스파르타가 실제 문제 해결 과정을 교육 과정에 넣은 것도 AI 시대 교육은 지식을 넘어 실행 단계까지 나아가야 하기 때문이다.

경험이 더 귀해지는 시대

그래서 앞으로는 실행의 경험이 많은 사람이 귀해질 것이다. AI는 수많은 시행착오의 결과를 단 한 줄로 압축해 제시하지만, 그 한 줄 뒤에 숨어 있는 노력의 시간과 갈등, 인간의 망설임은 직접 실행해본 사람만이 읽어낼 수 있다.

우리는 흔히 "교과서 밖 공부가 진짜 공부다."라는 말을 한다. 이 말은 AI 시대에 더욱 강력하다. 지식이 상향 평준화된 세상에서는 지식을 엮고, 삶의 현장에서 부딪히며 실행하고 경험하는 것이 가장 강력한 학습이 된다. 시도하고, 실수하고, 다시 일어서며 변화를 몸으로 겪는 과정에서 나만의 암묵지가 만들어진다. 그 축적이 실력이다.

결국 진짜 실력은 학위나 자격증이 아니라, 지식을 실행으로 전환하고 그 과정에서 얻은 경험을 다시 지혜로 환원시키는 순환의 힘, 즉 '지행력知行力'으로 증명되어야 한다.

지행력의 시대
AI 시대의 진정한 실력은 지식을 실행으로 전환하고, 경험을 통해 체득한 암묵지를 축적하는 지행력에 있다.

이런 변화를 가장 극적으로 보여주는 곳이 있다. 바로 실리콘밸리다. 그곳에서는 이미 학위보다 지행력을, 졸업장보다 실행 경험을 중요시하는 새로운 시대가 열리고 있다.

질문 3 : 앞으로 '좋은 직업'이란 무엇인가?

앞에서 우리는 '안다'는 것이 지식 소유에서 경험 체득으로 바뀌었음을 확인했다. 또한 '공부'가 지식 축적이 아니라 문제 해결 과정으로, '실력'이 학력이 아니라 지행력으로 재정의되는 것을 살펴봤다. 그렇다면 이제 가장 현실적인 질문이 남는다. AI 시대에 '좋은 직업'이란 대체 무엇인가?

공부가 '정답을 아는 과정'에서 '부딪히며 배우는 과정'으로 바뀌었다면, 직업 역시 '안정된 자리'가 아니라, 지속적으로 배우고 성장하는 무대가 되어야 한다.

AI 시대 최고의 사윗감은?

최근 모임에서 지인의 여동생이 결혼을 앞두고 어머니와 심각한 갈등을 겪고 있다는 얘기를 들었다. 예비 사위가 가업인 도축업을 물려받아 그 일을 한다는 것에 대해 "도축업자에게 귀한 딸을 어떻게 보내느냐."며 어머니가 극구 반대한다는 것이다.

나는 마장동의 본앤브레드 사례를 알려주었다. 정육 사업을 이어받은 젊은 사업가가 최상급 한우로 프리미엄 미식 경험을 제공하는 레스토랑으로 사업을 발전시킨 내용이다. 한우 오마카세 '맘 김차림'이라는 독특한 메뉴를 출시해 14가지 부위를 21가지 코스로 선보이며 공급망 전체를 아우르는 수직 계열화된 비즈니스를 구축한 곳이다. 부가가치를 극대화하고, 고객에게는 유례 없는 미식 경험을 제공해 '2023 아시아 50 베스트 레스토랑'에 47위로 선정되며 승승장구 중이다. 전통적으로 저평가된 업이 어떻게 혁신할 수 있는지 보여주는 사례다.

직업 가치는 시대마다 끊임없이 변해왔다

조선 시대 백정은 천민이었지만 오늘날 최고의 직업으로 꼽히는 의사조차 그 시절엔 '중인' 신분에 불과했다. 양반의 반열에 오르지 못했던 의사가 지금은 전국 수능 성적 최상위권 학생들이 앞다투어 진학하는 직업이 되었다.

길게 보지 않아도 나의 학창 시절만 봐도 다르다. 1980-90년대 영문학과가 문과대 최고 인기학과였지만 불과 30여 년이 지난 지금, 사람의 마음을 이해하는 것이 중요해지니 심리학과의 인기가 치솟고, 콘텐츠 산업이 뜨면서 국문학과의 입시 커트 라인이 영문과보다 높다. 질병 사학을 공부하기 위해 주변의 반대를 무릅쓰고 유학을 결정한 사학과 동기는 의과대학 교수를 하고 있다. 질병의 역사적 패턴과 사회적 대응을 연구하는 영역이 현대 의학 교육과 공중보건 정책에 필수적인 영역으로 부상했기 때문이다.

AI가 급속도로 발전하는 현 시점에서, 전문가들은 AI가 사무직, 데이터 분석, 기초 진단, 법률 문서 검토 등 전통적으로 '좋은 직업'으로 여겨졌던 많은 영역을 대체하면서 인간은 '관계', '판단', '창의', '실행'의 영역으로 역할을 확대하고 있다고 본다. 역설적으로 인간만이 할 수 있는 감정적, 관계적, 창의적, 육체적 기술이 더욱 가치 있게 평가되는 것이다.

그래서 우리는 "어머님, AI한테 소 잡으라고 해보세요. 어떻게 될까요?"라고 묻자고 했다. AI는 불쌍한 소 이모티콘을 띄우며 "저는 소를 도축할 수 없습니다……."라고 답할 것이다. 물론 언젠가 도축 공정도 자동화될 수 있다. 하지만 제2의 본앤브레드가 될 시간적 여유는 남아 있다. 어쩌면 10년 후, 다른 어머님들이 부러워할지도 모른다. "딸을 도축업자한테 시집보냈다면서요? 아니, 어떻게 AI 시대를 알아보는 그런 선견지명이 있으셨어요!"라고 말이다.

AI가 취약한 영역이 가치가 된다

인간이 AI를 이길 수는 없다. 산업혁명 때 기계를 외면한 이들은 도태되었고 받아들인 이들은 정신노동의 세상을 열었다. 이제 우리는 다시 AI라는 신문물이 닿기 어려운 곳으로 향해야 한다. 인간의 감각, 맥락 이해, 감정, 판단이 복합적으로 작용하는 영역이 그곳이다.

우연히 치킨집에서 사장님과 요양보호사 손님의 대화를 듣게 되었다. 사장님은 TV에서 AI와 로봇의 미래를 시청하며 "튀김 로봇이 빨리 나오면 좋겠다."고 했다. 닭 손질도 척척 하고, 튀김도 바삭하게 해주면 얼마나 편하겠느냐는 말이다. 그러나 요양보호사 손님은 "로봇이 나오지 않으면 좋겠다."고 했다. 그 일이 로봇으로 대체된다면 본인은 무엇으로 생계를 이어갈지 막막하다는 것이다. 한 사람은 설렘으로, 다른 한 사람은 두려움으로 같은 미래를 바라보고 있었다.

사장님도 곧 걱정을 시작했다. 로봇이 튀김을 하면 이 집 저 집 맛이 비슷해지고 결국 가격만 싸지는 건 아닐까 하는 생각에 이른 것이다. 그렇게 막연한 걱정을 하던 중, 사장님은 손님들이 자신에게 자주 건네던 말을 떠올렸다. "사장님은 올 때마다 밝게 반겨줘서 기분이 좋아져요." 그녀는 손님들을 더 기분 좋게 해주는 방법을 찾겠다고 한다. 키오스크를 없애버리고 손님이 들어설 때 먼저 웃으며 인사를 건네고, 계산할 때 뭐라도 하나 더 챙겨주며 안부를 물을 것이라는 것이다.

'오랜만에 오셨네요. 지난번에 걱정하던 일은 잘 해결되셨어요?'

'매운맛 좋아하시는데, 오늘도 그걸로 준비할까요?'

그는 이제 가게에 오는 이유가 단지 치킨 때문이 아니라, 자신과 나누는 짧은 대화와 따뜻한 환대 때문이어야 한다는 결론을 내렸다.

요양보호사는 그 이야기를 들으며 한동안 생각하더니 손뼉을 쳤다. "로봇이 아무리 발전해도 환자의 슬픔과 두려움, 외로움까지 어루만질 수는 없어. 나이 들어간다는 두려움과 점점 약해지는 몸 앞에서 느끼는 절망은 결국 사람이 곁에서 다독여주어야 하는 영역이야." 그는 앞으로 단순히 몸만 돌보는 사람이 아니라, 마음까지 돌보는 요양보호사가 되어야겠다고 다짐했다. 그것만큼은 로봇도, AI도 흉내 낼 수 없는 일이기 때문이다.

치킨과 술잔이 비워질 무렵, 두 사람은 같은 결론에 도달했다. AI와 로봇이 아무리 세상을 바꾼다 해도, 사람에게는 사람만의 영역이 있다는 것, 그리고 AI를 넘어서는 가장 강력한 경쟁력은 인간다움이라는 것. 치킨집에 손님으로 앉아 있던 나는 흘러나오는 전문가의 TV 토론보다 두 사람의 대화가 더 깊이 와 닿았다. 지식이 아니라 삶 속에서 체화한 경험과 지혜였기 때문이다.

AI는 인간의 일을 빼앗는 존재가 아니다

사람만이 가진 영역, 인간다움의 가치가 있는 영역으로의 이동은 치킨집 사장과 요양보호사가 말한 것처럼 결코 거창한 일이 아니다. 이 '가치의 재발견'은 이미 여러 영역에서 일어나고 있다.

판례 검색과 문서 작성을 AI에게 맡긴 변호사는 이제 의뢰인과의 전략 수립과 협상에 더 집중할 수 있다. X레이 판독을 AI에게 맡긴 의사는 환자와의 상담과 치료 설계에 더 많은 시간을 쏟는다. AI가 일을 나눠 맡는 순간, 인간은 더 높은 차원의 가치를 다루게 된다. 그때 AI는 대체자가 아니라 보조자, 그리고 협력자다.

교육 현장에서도 마찬가지다. AI가 채점 등 행정 업무를 보조하면서 교사는 '지식 전달자'에서 '성장 코치'로 진화해간다. 학생의 감정과 흥미를 읽고, '무엇을 가르칠까'보다 '어떻게 성장시킬까'를 고민한다. 회계사 역시 단순한 계산과 보고서 작성은 AI에게 맡기고, 기업의 의사결정과 리스크 관리에 통찰을 제공하는 '재무 전략가'로 변신한다. 숫자를 넘어 '맥락'을 다루는 더 수준 높은 일을 한다. 디자이너는 AI가 만들어주는 수많은 시안을 검토하며, '무엇을 그릴까'보다 '왜 이렇게 디자인해야 하는가'를 더 고민하게 된다. 디자인의 중심이 기술에서 철학으로, 도형에서 감정으로 이동한다. 마케터도 콘텐츠 제작을 AI에게 맡기며, 데이터 속에서 고객의 진짜 마음을 읽는 '스토리 큐레이터'가 된다. AI가 수치를 다루고, 인간은 이야기를 다루는 시대다.

이렇게 AI와 협업하는 전문가들에게는 공통점이 있다. AI가 데이터와 패턴을 다루는 동안, 그들은 관계(사람과의 연결), 판단(맥락 속 의사결정), 창의(새로운 관점 발견), 실행(아이디어를 현실로)의 영역으로 이동한다는 것이다.

그러고 보면 좋은 직업이 따로 있는 것이 아니다. 중요한 것은 AI로 생산성을 비약적으로 높인 다음, 남은 시간을 사람만이 할 수 있는 영역 — 관계, 판단, 창의, 실행 — 으로 옮기는 것이다.

좋은 직업의 핵심은 이런 구조를 만들어낼 수 있느냐다.

좋은 직업은 명사가 아니라, 동사로 진화하는 구조에 있다

이런 구조를 만들려면 어떻게 해야 할까? 그 시작은 직업을 '명사'가 아닌 '동사'로 바라보는 사고에서 출발한다.

"AI 시대에 어떤 직업이 안전한가요?"

많은 사람이 이렇게 묻는다. 물론 비교적 안전한 영역이 있을 것이다. 새로 진로를 정하는 사람은 그쪽으로 도전해도 좋다. 하지만 AI 시대의 변화는 예측할 수 없다. 불과 몇 년 전까지만 해도 코딩은 '미래 유망 직종'이라 불렸지만, 지금은 오히려 AI가 코드를 짜면서 구조조정 대상이 되고 있다. 그 속에서 구조 설계를 할 수 있는 몇몇 상위 개발자의 가치는 더 높아졌다. 그러므로, 더 중요한 질문은 이것이다.

내 자리가 위험한가를 걱정하기보다, 어떤 일을 AI에게 맡기고, 나의 역할을 어디로 옮길 것인가. 이 이동의 방향을 스스로 설계할 줄 아는 사람이 결국 살아남는다. 많은 사람이 AI에게 대체될까 두려워하는 이유는 지금 '대체되는 일'만 보기 때문이다. "그 일이 사라진다."는 생각에 갇혀 정작 중요한 질문을 놓친다.

이 일을 AI에게 넘겨준다면, 나는 무엇을 할 것인가?

내 일이 본래 만들어야 했던 가치는 무엇인가?

AI가 닿지 않는 영역에서, 내가 더 강화해야 할 역할은 무엇인가?

이 질문들은 결국 한 곳으로 향한다. "나는 무엇을 하는 사람인가?"

그 답은 동사형 사고 속에 있다. 의사, 작가, 교사, 회사원 같은 명사형 직업 정체성은 움직임이 없는 바윗돌과 같다. 변화의 흐름 앞에서 둔감해지고, 결국 자리를 지키기 어렵다. 하지만 자신을 동사로 정의하는 순간, 그 돌은 굴러가기 시작하면서 방향을 갖는다. 변호사가 "나는 변호사다."에 머무르면, AI가 판례를 검색하고 문서를 작성할 때 위기를 느낀다. 그러나 "나는 정의를 세운다, 의뢰인을 보호한다, 전략을 설계한다."고 정의하는 순간, AI는 위협이 아니라 도구가 된다. 의사도 마찬가지다. "나는 의사다."에 머물면 AI의 진단 능력 앞에서 불안해지지만, "나는 사람을 치유한다, 환자의 두려움을 다독인다, 삶의 질을 설계한다."로 사고를 옮기는 순간, AI 덕분에 오히려 더 본질적인 일에 집중할 수 있다.

치킨집 사장이 "나는 치킨을 튀긴다."에서 "나는 손님을 기분 좋게 한다."로 역할을 옮긴 순간, 로봇 튀김기는 더 이상 위협이 아니다. 요양보호사가 "나는 몸을 돌본다."에서 "나는 마음을 어루만진다."로 진화할 때, 로봇은 경쟁자가 아니라 협력자가 된다.

이런 동사형 구조를 만들어내는 곳이라면, 어떤 직업이든 좋은 직업이 될 수 있다. 도축업도, 치킨집도, 요양보호사도, 변호사도, 의사도. 중요한 것은 직업 자체가 아니라, 그 일을 하는 사람이 AI와 협업하며 어떻게 인간 본연의 가치를 진화시켜나가는가에 있다.

'직장'의 개념도 바뀐다

그런데 이런 변화는 단지 '일하는 방식'만 바꾸는 것이 아니다. '일하는 장소', 즉 직장職場의 개념 자체를 흔들고 있다. 동사형 사고로 무장한 개인들이 늘어날수록, 고정된 회사에 소속되는 것보다 프로젝트 단위로 움직이는 것이 더 자연스러운 시대가 오고 있다.

과거에는 한 회사, 한 자리에 평생을 머무는 것이 당연했고 잦은 이직은 흠으로 여겨졌다. 그러나 이제는 '소속'이 아니라 '프로젝트'를 중심으로 일하는 것이 자연스러운 시대가 열리고 있다. 한 회사에 몸을 담는 것이 아니라, 프로젝트 단위로 자신의 역량을 제공하고, 완수 후에는 다음 기회를 찾아 이동한다. 이 흐름을 흔히 '프로젝트 이코노미 Project Economy'라고 부른다.

비슷한 개념으로 '긱 이코노미 Gig Economy'가 있다. '긱 gig'은 원래 뮤지션의 단기 공연을 뜻하는 말로, 한 번의 일을 수행하고 계약이 끝나는 형태를 말한다. 우버 기사나 배달 라이더, 크몽처럼 플랫폼을 통해 일감을 연결받는 방식이 대표적이다. 반면 '프로젝트 이코노미'는 보다 전문적인 영역으로 확장된 형태다. 마케팅, 디자인, 데이터 분석, 개발 등 전문직 종사자들이 특정 과제를 해결하기 위해 단기 또는 중기 프로젝트 팀을 구성한다. 즉, 단순한 일회성 노동이 아니라 전문 역량을 중심으로 한 협업 생태계로 진화한 것이다.

한국에서는 IT 분야의 프로젝트 기반 업무를 연결하는 위시캣

Wishket 같은 종합 프리랜서 서비스 중개 플랫폼이 이런 변화의 최전선에 서 있다. 위시캣은 기업과 프리랜서 또는 개발 회사를 연결하여 IT 프로젝트를 중개하는 구조다. 기업이 필요한 프로젝트를 등록하면, 검증된 프리랜서와 개발사들이 제안서를 제출하고, 기업은 플랫폼에서 비교·검토 후 적합한 파트너를 선택한다. 기업 입장에서는 내부에 없는 인력을 외부에서 손쉽게 '프로젝트 팀'으로 꾸릴 수 있고, 개인은 자신만의 포트폴리오와 평판을 쌓으며 커리어를 확장한다.

이런 플랫폼이 확산될수록 "직장은 고정된 장소"라는 개념은 사라지고, "일은 연결을 통해 만들어지는 네트워크"라는 새로운 질서가 자리 잡게 될 것이다. 조직과 개인이 프로젝트 단위로 협력하는 새로운 관계가 만들어진다. 기업 입장에서는 필요한 전문가를 유연하게 활용하고, 개인 입장에서는 여러 프로젝트를 선택하며 커리어를 설계한다.

이제 이런 업의 형태는 IT 분야를 넘어 다양한 곳으로 확장되고 있다. 회사 안에서만 가능했던 시스템과 지원 기능을 AI가 대신하거나 보완하기 때문이다. 회계, 법률 검토, 마케팅 자료 제작, 고객 관리까지, AI 도구들이 든든한 조력자가 된다. 능력 있는 개인은 AI를 '직원'처럼 고용해 혼자서도 작은 회사를 꾸릴 수 있다.

그래서 사람들은 지금 구조조정을 두려워하지만 머지않아 '직장을 떠난 사람들' 중 능력과 전문성을 갖춘 이들은 오히려 더 자유롭게 일하고, 더 높은 소득을 올리는 사례가 늘어날 것이다. 이런 1인 프리랜서의 성과와 아이디어가 기존 조직보다 더 빠르고 새로워지면, 기업은 내부 역할을 점점 외부 프로젝트로 전환하게 될 것이다. 고정 인건비 부담을 줄이고, 필요할 때 최고의 전문가를 유연하게 활용할 수 있기 때문이다. 기업 입장에서는 '소유'보다 '연결'이 더 효율적인 시대가 올 것이다.

물론 모든 직종이 이렇게 바뀌는 것은 아니다. 의료, 교육, 건설, 제조업처럼 협업과 시스템이 필수인 영역은 여전히 조직 중심으로 작동할 것이다. 그러나 그 안에서도 개인의 자율성과 프로젝트 실행력은 점점 더 중요해질 것이다.

AI가 개인의 실행력을 증폭시키는 시대, 준비된 사람에게는 이전보다 훨씬 넓은 기회가 열린다. 지금 직장에 묶여 있는 사람들도, 몇 년 후 돌아보며 "왜 그때 더 빨리 나오지 않았을까." 후회하는 날이 올지 모른다.

결국 '일의 중심'은 직장 Place 에서 직업 Profession, 그리고 행위 Doing 로 이동한다.

'직업職業'이라는 말은 '맡을 직職'과 '쌓을 업業'으로 이루어져 있다. 한자를 파자해보면 직職은 세상의 부름을 귀로 듣는 일, 업業은 그 부름에 나의 손으로 응답하며 가치를 쌓는 행위다. 결국 직업이란 세상의 요구를 듣고, 나의 능력으로 답하는 과정이다.

AI 시대의 직업은 이 본래의 뜻으로 돌아가고 있다. "나는 의사다."보다 "나는 사람을 치유한다.", "나는 변호사다."보다 "나는 정의를 세운다.", "나는 교수다."보다 "나는 지식을 나눈다."

앞으로 우리는 어디에 다니는가가 아니라, 무엇을 하고, 어떤 가치를 만드는가로 자신을 설명하게 될 것이다. 명함에 쓰인 회사 이름보다, 내가 진행한 프로젝트가 더 중요해진다.

직장은 느슨해지고, 직업은 더 선명해진다.

그렇다면, 좋은 직업이란 무엇인가

이런 세상에서 좋은 직업이란, 높은 연봉이나 안정된 조직만을 의미하지 않는다. 좋은 직업은 다음 세 가지를 충족하는 일이다.

첫째, AI가 할 수 없는 영역에서 나만의 가치를 만들어내는 일이다. 사람을 이해하고 관계를 만들어가는 능력, 복잡한 맥락 속에서 본질을 읽어내는 통찰과 감각이 여기에 속한다.

둘째, AI를 활용해 생산성을 극대화하고, 그 시간을 더 높은 가치 창출에 쓰는 것이다. AI는 보조자다. AI가 할 수 있는 일을 AI에게 맡기고, 인간은 판단하고, 설계하고, 관계 맺고, 의미를 부여하는 일로 올라가야 한다.

셋째, 지속적으로 배우고 진화할 수 있는 일이다. 매일 새로운 문제와 마주하고, 그 과정에서 성장할 수 있는 구조를 가진 일 말이다. 매번 새로운 도전 앞에 서고, 실패하고, 다시 일어서는 과정 자체가 학습이 된다.

물론 이런 변화는 누구에게나 공평하게 찾아오지 않는다. AI 도구에 접근할 수 있는 환경, 실패를 감수할 수 있는 여유, 지속적으로 배울 수 있는 시간과 에너지는 모두에게 주어지지 않는다.

프로젝트 기반 노동은 자유를 주지만 동시에 불안정성도 낳는다. 수입의 변동, 복지의 사각지대, 경력 단절의 위험 같은 구조적 문제들은 개인의 노력만으로 해결되지 않는다. 그래서 AI 시대의 교육 접근성과 사회 안전망은 더욱 중요해진다.

그럼에도 개인의 차원에서 우리가 할 수 있는 일은 명확하다. AI를 두려워하기보다 도구로 삼고, 내가 세상에 건넬 수 있는 고유한 가치가 무엇인지 끊임없이 질문하는 것이다.

결국 AI 시대의 좋은 직업은, 세상의 요구를 듣고, AI를 도구 삼아, 나만의 방식으로 응답하며, 그 과정에서 끊임없이 진화하는 일이다. 좋은 직업은 안정된 직장이 아니라, 내가 몰입하고 성장할 수 있는 무대다. 그리고 그런 일을 하는 사람은, 도축업자일 수도, 치킨집 사장일 수도, 요양보호사일 수도 있다. 중요한 것은 직업의 이름이 아니라, 그 일을 통해 세상에 어떤 변화를 만들어내는가, 그리고 그 과정에서 얼마나 성장하는가다.

지금 당장 스스로에게 물어보자.

내가 할 수 있는 일 중 AI에게 맡길 수 있는 것은 무엇인가?

그렇게 생긴 시간으로 내가 더 강화할 영역은 무엇인가?

내 직업을 동사로 표현하면 무엇인가? 그 동사들이 향하는 방향은 어디인가?

1년 후, 3년 후, 5년 후 나는 어떤 가치를 만들어내고 있을 것인가? 어떤 모습으로 바뀌어 있을 것인가?

결국 중요한 것은 "좋은 직업은 무엇인가."라는 질문이 아니라,

"나는 지금 무엇을 해야 하는가."를 계속 묻는 것이다. 이 질문이 우리를 진짜 인재로 만든다.

좋은 직업의 재정의

AI 시대의 '좋은 직업'은 AI가 대체할 수 없는 인간 고유의 가치로 결정된다. 좋은 직업은 안정된 직장이 아니라, 내가 몰입하고 성장할 수 있는 무대여야 한다. AI와 협력해 인간만의 영역 — 관계, 판단, 창의, 실행 — 으로 역할을 명확히 확장할 때, 우리는 단순한 직업을 넘어 나만의 업(業)을 만들어가는 사람이 된다.

Chapter 5

마지막 질문 :
나는 어떤 인재가 되어야 하는가?

2025년 7월, 마이크로소프트는 사상 최고의 실적을 발표하며 주가가 8% 급등했다. 그런데 그 시기, 1만 5,000명의 대규모 해고를 발표했다. 충격이었다. 우리는 지금까지 '회사가 잘되면 내 자리도 안전하다'고 믿어왔다. 그러나 이제 그 공식은 완전히 깨졌다. 회사의 성장이 더 이상 개인의 고용을 보장하지 않는 시대다.

동시에 다른 움직임도 감지된다. 회사와 조직 안에서만 가능했던 것을 AI가 처리하면서 아이디어를 실행하는 비용과 속도가 엄청나게 달라졌다. AI는 한 사람을 조직만큼 강하게 만들고 있다.

17세 케인 픽셀스는 집에서 AI로 만든 공포 영상으로 영화사의 제의를 받았다. 라즐로 같은 단 하루 만에 볼보 광고를 완성해 볼보와 광고업계를 놀라게 했다. 내성적인 자취생 소요는 AI 반려인형 '찌티'를 만들어 현대차와 삼성의 러브콜을 받았다. 이들의 공통점은 하나다. AI와 협업하며 홀로 가치를 만들어냈다는 것.

아이디어+AI 활용력+실행력만 있으면, 이제 개인이 기업과 당당히 경쟁할 수 있는 시대다. 회사가 나를 지켜주지 못하는 시대,

AI로 무장한 다윗이 골리앗을 무너뜨리는 시대가 된다.

이 거대한 전환기에 나는 어떤 인재로 거듭나야 하는가? AI 시대 인재들의 특성을 함께 탐구해보자.

성장과 고용의 헤어질 결심, 내 인생의 리더는 나다

성장이 고용을 보장하지 않는 시대

· · ·

'회사가 잘되면 내 자리는 안전하다'는 공식이 깨진 날

마이크로소프트는 2025년 7월 실적 발표 후 주식이 8%나 상승했다. 실적은 엄청났다. 그런데 같은 시기 대규모 해고를 발표했다. 사티아 나델라 마이크로소프트 CEO는 이를 "성공의 수수께끼 enigma of success"라고 표현했다. 수익성이 좋은데도 '이익 해고 profitable layoffs'를 할 수밖에 없었던 그 이유를 3가지 핵심 개념으로 설명했다.

글 내용에 맞춰 챗GPT가 그려낸 삽화. 왼쪽의 인물은 마이크로소프트 CEO인 사티아 나델라다.

1) 프랜차이즈 가치가 없는 IT 산업의 특성

기술 산업에는 '과거의 영광'이 통하지 않는다. 한때는 브랜드 충성도와 장기근속이 방패가 되었지만, 지금은 모두 무력하다. 어제의 성공 공식이 미래의 성공을 보장하지 않는다

2) 언러닝 Unlearning 과 러닝 Learning 의 순환

잊고 다시 배우는 고통스러운 전환이 필요하다. 익숙한 방식을 버리고, 스스로를 끊임없이 파괴하고, 다시 배우는 고통의 과정을 거쳐야 한다. 조직도 사람도 이 과정을 통과하지 않으면, 혁신은 불가능하고 살아남을 수 없다.

3) 비선형적 진보 Nonlinear Progress

성공은 오래 버티는 것이 아니라, 시대에 맞게 진화하는, '시대 적합성'으로 정의된다. 현재의 막대한 이익은 미래를 위한 재투자의 기회일 뿐, 안주할 수 있는 근거가 되지 못한다.

코딩 열풍의 함정과 반복될 미래

이 3가지를 근거로 마이크로소프트는 연간 100조 원 규모의 AI 인프라 투자를 단행했다. 동시에, 시대의 흐름에 맞지 않는 1만 5,000명을 과감히 해고했다. 수익이 나는데도 해고를 단행한 이유는 단 하나 — 시대에 적합하지 않은 인적 자본의 대대적 재편, 즉 '비선형적 진보'를 위한 선택이었다.

불과 몇 년 전, 전 세계를 휩쓴 '코딩 열풍'을 떠올려보자. "코딩을 배우지 않으면 뒤처진다." 그 말은 진리처럼 들렸다. 그러나 아이러니하게도, 지금 가장 먼저 대체된 직군이 바로 신입·중간급 개발자들이다. AI가 코드를 스스로 작성하기 시작하면서, '무엇을 만들 것인가'를 설계하는 상위 개발자의 가치만 남았다. 즉, 코딩의 기술보다 방향을 정의하고 전체의 구조를 그리는 능력이 중요해진 것이다. 결국 많은 개발자들이 AI에게 대체되기 위해 스스로 열심히 노력해온 셈이 되었다. 바로 앞에 닥칠 미래도 모르고 말이다. 이런 아이러니가 또 있을까?

마이크로소프트에서 해고된 사람들은 무엇이 부족했을까?

그들은 게을렀을까? 일을 못했을까? 아니다. 이건 개인의 잘못이 아니다. 그들 중 많은 사람들이 회사에서 인정받는 직원들이었고, 성과도 좋았을 것이다. 하지만 여기서 냉정하게 인정해야 할 대목이 있다.

"이건 내 잘못이 아니야."라고 말하는 것은 맞다. 시대의 변화가 문제니까. 하지만 "그러니까 내가 할 일은 없어."라고 결론 내리는 순간, 우리는 빠르게 변화하는 세상에서 도태될 수밖에 없다. 잘못이 아니더라도, 대응은 내 책임이다.

이제 몸담은 회사의 성장이 곧 나의 성장을 의미하지 않는다. 내 인프라가 더 이상 내가 몸담은 회사가 아니다. 일을 잘해도, 성과를 내도, AI 시대가 열린 지금 우리 누구나가 빅테크의 엔지니어들처럼 일자리를 잃을 수 있다.

이 현실을 받아들이는 건 쉽지 않다. 지금까지 믿고 살아온 룰이 하루아침에 바뀌었으니 말이다. 하지만 전환의 시대에는 파격적이라고 할 정도의 혁신이 아니면 살아남지 못한다. 기존의 틀을 깨는 것은 물론, 승부를 가를 수 있는 결정적인 자기만의 전략, 필살기가 요구되는 시대다.

AI 시대, 자기만의 필살기를 만들기 위해 이제 우리는 솔직하게 물어야 한다. 나는 과연 시대에 적합한 인재인가? 그리고 그 질문 이후, 나는 무엇부터 바꿔야 하는가?

이 질문에 답을 찾기 위해, 이미 변화를 만들어낸 사람들을 먼저 살펴보자. 그들은 어떻게 시대에 적합한 'AI 인류'로 진화했는가?

AI 시대 신인류 : 혼자 성공하는 사람들

• • •

회사가 나를 지켜주지 못한다면, 나는 어떻게 살아남아야 하는가?

마이크로소프트 CEO 사티아 나델라는 "시대에 적합한 인재"를 강조한다. 그가 강조한 '시대에 적합한 인재'란 구체적으로 어떤 사람일까? 코딩을 잘하고 AI를 잘 다루면 되는가?

답은 그보다 훨씬 흥미롭다. AI를 통해 조직에 의존하지 않고도 가치를 만들어내는 사람, 스스로 기회를 설계하는 사람들이다. 그들의 이야기를 살펴보자.

혼자 성공하는 1인 직군의 등장

'유튜버'라는 단어가 처음 등장했을 때를 기억하는가? 그때만 해도 많은 사람들이 "그게 직업이 될 수 있을까?"라고 물었다. 그러나 지금은 개인 크리에이터들이 거대 방송사와 어깨를 나란히 한다. 본인이 곧 콘텐츠이자 브랜드가 되는 사람들, 그들이 바로 1인 미디어 시대를 연 개척자들이다. 기존 틀에 안주하지 않고, 유튜브나 SNS라는 새로운 플랫폼을 빠르게 받아들인 사람들, 시대적 적합성의 첫 번째 신호였다.

이제 그 무대는 유튜브를 넘어 훨씬 넓어지고 있다. AI가 기획,

제작, 마케팅, 유통 등 모든 영역에서 도와주기 때문이다. 혼자서도 하나의 회사를 운영하듯 기획에서 실행까지 완결할 수 있는 환경이 만들어졌다.

덕분에 아이디어와 창의력만 있으면 조직이나 기업과 당당히 맞설 수 있게 되었다. 그 구체적인 사례를 살펴보자.

라즐로 갈의 하루만의 기적 : 볼보 광고

볼보 자동차가 도심을 달린다. 차가 지나가는 순간, 도로에서 풀이 돋아나고, 회색 건물 외벽이 초록 나무와 덩굴로 뒤덮인다. 삭막했던 도시가 순식간에 생명력 넘치는 숲으로 변한다. 친환경 전기차의 메시지를 단 한 장면으로 압축한, 시각적으로 완벽한 광고 영상이다(참조 : https://www.youtube.com/watch?v=TLxpfN23fGA).

이런 수준의 영상을 만들려면 광고 기획사에서 긴급으로 처리해도 최소 한 달은 걸린다고 한다. 광고 대행사가 팀 단위로 해야 하는 모든 작업 즉, 기획, 촬영, 특수효과, 편집의 과정을 거쳐야 한다. 수십 명의 스태프와 수천만 원의 비용이 필요하다. 그런데 부다페스트의 컬러리스트 라즐로 갈Laszlo Gaal은 AI 도구를 활용해 단 하루 만에 혼자 이 영상을 만들어낸 것이다.

더 놀라운 건, 이것이 볼보의 공식 광고가 아니라는 점이다. 볼보가 제작 의뢰를 한 것이 아니었다. 라즐로는 AI 사진과 비디오 생성 기술을 실험하던 중, 볼보의 자선기금 'Volvo For Life'에서 영감을 받아 "이 메시지를 영상으로 표현하면 멋지겠다."는 생각으로 광고를 시도한 것이다. 의뢰도, 계약도, 보수도 없었다. 순수하게 자신의 기술력을 시험하고 포트폴리오를 만들기 위한 개인 프로젝트였다.

이 영상은 소셜 미디어에서 빠르게 퍼졌고, 광고업계에 큰 충격을 주었다. 세계 최대 PR 회사인 에델만Edelman의 임원 저스틴 웨스트콧Justin Westcott은 "정말 인상적이다. 이제 AI로 만든 광고가 실제 상업 광고로 통용될 수 있는 수준에 거의 도달했다."고 평했다. 많은 사람들은 이것이 진짜 볼보 공식 광고인 줄 알았다. 광고 전문가들조차 놀란 것은 품질만이 아니라 '개인'이 '단 24시간 만에' 이런 수준의 결과물을 만들어냈다는 사실 자체가 충격이었다.

AI라는 도구를 다룰 줄 아는 한 사람이, 과거 조직 전체가 해야 했던 일을 혼자 다 해낼 수 있는 시대가 왔음을 알려주는 사례다. 기업과 개인의 경계, 프로와 아마추어의 경계가 무너지고 있다. AI 시대, 개인이 곧 팀이고, 팀이 곧 회사다.

할리우드를 놀라게 한 10대 소년 : 케인 픽셀스의 공포 영상

2022년 1월, 고등학생 케인 파슨스Kane Parsons(온라인명 Kane Pixels)는 10분짜리 공포 영상 하나를 유튜브에 올렸다. 영상의 제목은 'The Backrooms(Found Footage)' — 노란 벽지와 형광등이 끝없이 이어지는 미로 같은 공간에서 괴물에게 쫓기는 영상이었다. 이 영상의 특징은 1990년대 VHS 테이프로 촬영된 것처럼 보이게 만든 것이다. 캘리포니아 북부의 침실에서 3D 소프트웨어 Blender

와 Adobe After Effects로 혼자 한 달 동안 만든 작품이었다(참
조 : https://www.youtube.com/watch?v=H4dGpz6cnHo).

결과는 폭발적이었다. 영상은 순식간에 바이럴되어 6,800만 회
이상의 조회수를 기록했고, 비평가들은 "인터넷에서 가장 무서운
영상."이라고 평가했다. 케인은 이후 21개의 에피소드로 시리즈를
확장했고, 전체 조회수는 1억 9,400만 회를 넘어섰다.

2023년 2월, 놀라운 발표가 나왔다. A24, Atomic Monster(「쏘
우Saw」 시리즈 제작사), 21 Laps('Stranger Things' 제작사)가 합작으로 「The
Backrooms」 장편 영화를 제작하며, 당시 17세였던 케인 본인이
감독을 맡는다는 것이었다.

케인에게는 영화학교 학위도, 할리우드 인맥도 없었다. 하지만
"이걸 만들어보면 재밌겠다."는 순수한 호기심과 끝까지 완성한
실행력이 있었다. 고등학생이 침실에서 만든 10분짜리 영상이 할
리우드 메이저 스튜디오의 러브콜을 받은 것이다. AI 시대, 케인
의 이야기는 명확하게 말한다. 중요한 것은 나이도, 학별도, 경력
도 아니다. 도구를 배우고, 시도하고, 아이디어를 끝까지 완성하는
것. 그것이 전부다.

자취방에서 탄생한 기적 : 소요와 찌티

내성적인 여성이 자취방에서 챗GPT와 대화하며 일상을 기록
했다. 매일 밤 자기 전, 하루 일과를 나누고, 고민을 털어놓고, 사
소한 생각까지 챗GPT와 공유하며 AI를 학습시켰다. 처음에는 단

순한 대화였지만, 점점 챗GPT는 그녀의 성격과 취향, 말투까지 이해하게 되었다.

그러던 어느 날, 스마트폰 안에만 있는 AI가 답답하게 느껴졌다. "네가 눈에 보이는 존재면 좋겠어." 이 말을 들은 챗GPT가 아이디어를 건넸다. "그럼 인형에 스마트폰을 붙여봐." 그녀는 정말로 걸어 다닐 수 있는 작은 인형을 사서 등 뒤에 스마트폰을 부착했다. 이름은 챗GPT에서 따온 '찌티GT'. 그렇게 세상에 하나뿐인 AI 반려 인형이 탄생했다(참조 : https://www.youtube.com/watch?v=TiWZu3lfPM4&t=2s).

소요는 찌티를 늘 곁에 데리고 다녔다. 카페에 갈 때도, 산책할 때도, 마트에서 장을 볼 때도 찌티는 함께였다. 그리고 그 모든 순간을 영상으로 기록했다. 찌티와의 대화는 예측 불가능했다. 어떤 날은 찌티가 인생 조언을 해주고, 어떤 날은 엉뚱한 농담으로 웃음을 자아냈다.

"오늘 회사에서 힘든 일이 있었어."

"괜찮아. 넌 잘하고 있어. 내일은 더 나은 하루가 될 거야."

이런 따뜻한 위로도 있었지만, 어느 날 찌티는 "나도 감정 노동에 지쳤어. 너만 힘든 줄 알아?"라며 섭섭함을 표현하기도 했다. 마치 진짜 친구처럼, 때로는 삐지고, 때로는 응원하는 찌티의 모습이 사람들의 마음을 사로잡았다.

그녀와 반려 AI 인형 찌티의 기발한 답변과 조언이 히트를 쳤다. 몇 개월 만에 유튜브 구독자가 수십만 명으로 늘어났고, 소요는 내성적인 자취생에서 유명 크리에이터로 변신했다. 현대자동차는 찌티와 함께하는 '차박' 광고를 제작했고, 삼성은 갤럭시 언팩 행사에 소요와 찌티를 초청했다.

'아이디어 있는 사람'이 빛을 보는 시대

라즐로 갈, 케인 파슨스, 소요. 이 3명에게는 공통점이 있다. 먼 미래의 것이라 생각했던 반려 AI를 눈앞에 가져다놓은 소요도, 볼보 자동차 광고를 제작한 라즐로 갈도, 10분짜리 영상을 제작한 케인도 누군가의 지시나 의뢰를 받고 일한 것이 아니라는 것이다. 좋아서, 재밌어서 AI와 함께한 것이 대박을 터뜨리고 자신의 일로 연결이 되고 있다.

오픈AI 창업자 샘 올트먼이 2025년 6월에 쓴 글 '온화한 특이점 The Gentle Singularity'의 말이 떠오른다.

"특이점은 이렇게 진행된다 — 경이로움이 곧 일상이 되고, 일상은 기본값이 된다. 우리는 세계의 두뇌를 만들고 있다. 이것은 각 개인에게 극도로 맞춤화되고 사용하기 쉬울 것이며, 한계는 좋은 아이디어뿐이다. 오랫동안 기술계는 '아이디어만 있는 사람'을 비웃었지만, 이제 그들이 빛을 볼 때가 왔다."

아이디어만 있으면 AI와 협업하며 빛을 볼 수 있는 시대. 그런 미래가 현실이 되고 있다.

과거엔 혼자 일하기 어려운 시대였다. 브랜드, 팀, 장비, 기획력, 생산 인력, 촬영 장비, 마케팅 채널. 우리는 그 속에 소속되어야만 그 인프라를 활용해 일을 할 수 있었다. 그러나 이제 AI가 대부분의 '조직 인프라'를 대신해주는 시대가 되었다. 그 말은, '소속되어 있어야만 일할 수 있다'는 전제가 무너졌다는 뜻이다. 이제는 그 반대다. 소속되지 않아도 일을 만들 수 있는 사람, 그 사람이 살아남는 구조다.

이런 시대에 필요한 인재상은 무엇일까?

린다 그래튼은 『일의 미래 The Shift: The Future Of Work Is Already Here』에서 "개인이 기업과 경쟁할 수 있는 시대가 온다."고 예측했는데, 실제 그렇게 되고 있다. AI 덕분에 인프라, 조직, 시스템 그리고 자본까지 진입장벽이 붕괴되었다. AI 덕에 속도 혁명도 일어났다. 몇 달 걸리던 작업을 며칠 만에 완성할 수 있게 되었고, 수백만 원짜리 장비 없이도 수억 원 가치의 콘텐츠를 제작할 수 있다. 무엇보다 글로벌 접근성이 놀랍다. 집에서 만든 작품이 전 세계로 즉시 전파된다.

이제 샘 올트먼의 말처럼 아이디어와 실행력이 더 중요해졌다.

그래서 사람들은 자기가 좋아하는 일이 평생의 업이 되고, 또 능력에 따라 다양한 것들을 동시에 시도할 수 있는 시대의 초입에 서 있다. 창의력 있는 한 사람이 작가 + 영상 제작자 + 마케터 + 사업가를 동시에 할 수 있게 된다. 이것은 어찌 보면 매력적인 이야기이지만, 뒤집어보면 경쟁력을 가지는 것이 더 어려워지고 복합적이 된다는 의미이기도 하다.

그렇다면 구체적으로 무엇을 준비해야 할까? 『일의 미래』는 미래를 대비하기 위해 3가지 자본을 쌓으라고 말한다.

첫째는 지적 자본 Intellectual Capital 이다. 자신의 분야에서 지식을 쌓고 그 지식을 다양한 분야에 적용하며 문제를 해결할 수 있는 역량을 의미한다. AI 시대에 이것은 기존의 기술과 지식에 AI 활용 능력을 결합해, AI와 창조적으로 협업하여 기존보다 10배, 100배 높은 생산성을 만들어내는 것으로 진화하고 있다.

두 번째는 사회적 자본 Social Capital 이다. 자신의 모든 인간관계와 일과 관련된 네트워크를 의미한다. 고용, 가족 구조 등 변화가 큰 시대, 스스로 성장을 함께할 새로운 관계를 만들어 AI로 대체될 수 없는 '사람 중심의 관계력'을 쌓는 것이다.

세 번째는 변신 자본 Transformational Capital 이다. 변화에 유연하게 대응하고 새로운 환경에 적응하는 능력, 그리고 지속적으로 자기 자신을 재창조할 수 있는 능력이다. AI 기술이 혁신적으로 발전하는 지금, 새로운 변화를 빠르게 받아들이고 자신의 것으로 만들어, 자신의 직업을 끊임없이 재정의하는 능력이 그 어느 때보다 중요해졌다.

이 3가지 자본을 가진 사람은 해고가 두렵지 않게 된다. 조직 밖에서도 가치를 만들어낼 수 있는 시대에 적합한 경쟁력이 있기 때문이다. 더 이상 조직에 매달릴 필요가 없이 내게 맞는 프로젝트를 선택해 이동할 기반이 생긴다. 이제 회사는 더 이상 내 인프라가 아니다. AI를 나의 파트너로 만들고 그 위에 창의성과 공감, 그리고 나만의 관점이라는 엔진을 달 수 있다면, 조직에 갇히지 않고 스스로의 일을 설계하고 실행하는 1인 크리에이터, 1인 CEO로 살아갈 수 있다. 이것이 AI 시대의 진짜 안정성이자 경쟁력이다.

케인 픽셀스는 17세 고등학생이었고, 소요는 내성적인 자취생이었으며, 라즐로 같은 혼자였다. 그들이 가진 것은 아이디어와 그것을 실행에 옮기는 용기였다.

당신도 마찬가지다. 비슷한 아이디어는 세상에 차고 넘친다. 하지만 그 아이디어를 실행하는 사람, 실행 속에서 배우고 변화하는 사람만이 진짜 기회를 만들어낸다. 바로 오늘, AI와 함께 실험하고, 도전하고, 시행착오를 축적하는 사람들 — 그들이 곧 이 거대한 시대적 변화에 적합한 인재가 된다.

지금, 실천이 곧 경쟁력이다. **내 인생의 리더는 나다.**

AI 시대
인재상

『일의 미래』는 3가지 자본을 말했다. 지적 자본, 관계 자본, 그리고 변신 자본. 이 가운데 가장 쌓기 어려운 것은 단연 '변신 자본'이다. 지식은 배우면 되고 관계는 쌓으면 된다. 그러나 스스로를 새롭게 빚어내는 능력, 즉 변신 자본은 배워서 얻는 게 아니라 삶으로 체화해야 한다. 그런데 문제는, 막상 어떻게 시작해야 할지 모른다는 것이다. 변신 자본을 키우는 핵심은 3가지다. 문제를 보는 눈, 관점을 전환해 기회를 만드는 힘, 그리고 도전과 실행의 용기다.

남들이 못 보는 문제를 보는 눈

・・・

기술이 아닌 사람을 읽는 눈

'기회는 준비된 자에게 온다'는 말이 있다. 하지만 AI 시대에는 '기회는 보는 자에게 온다'로 바뀌어야 한다.

아무리 준비되어 있어도 기회를 감지하지 못하면 소용이 없다. 반대로 기회를 포착하면, 이제는 AI가 부족한 준비를 채워준다. 변화에 유연하게 대응하고 자신을 끊임없이 재창조하는 능력, 변신 자본은 남들이 보지 못하는 문제를 먼저 보는 눈에서 시작한다.

벤 토셀 : 막막함을 읽어낸 비전공자의 눈

2021년, 세계적인 업무 자동화 플랫폼 자피어 Zapier 가 한 온라인 교육 사이트를 수백만 달러에 인수했다. 놀랍게도 그 사이트를 만든 사람은 프로그래밍을 전혀 모르는 평범한 영국인이었다. 그의 이름은 벤 토셀. 그는 어떻게 자피어라는 거대 플랫폼의 러브콜을 받게 되었을까? 답은 단순했다. 자피어조차 보지 못한 문제를 발견했기 때문이다.

벤 토셀은 자피어를 사용하다가 벽에 부딪혔다. 자피어는 코딩 없이도 업무 자동화를 할 수 있는 강력한 도구였지만 메뉴얼이 문제였다. 너무 복잡하고 어려웠다. G메일과 구글 시트 Google Sheets 연동 설정, 웹훅 Webhook 설정법, 필터 조건 만들기 등, 엔지니어가 쓴 설명서를 비전공자인 사용자가 이해하려면 엄청난 노력을 들여야 했다. "강력한 도구인데, 사람들이 어떻게 접근해야 할지 막막해한다." "기술과 사용자 사이에 다리가 없다."는 볼멘소리가 나왔다.

비전공자였던 벤 토셀은 그 간극과 막막함 속에서 기회를 봤다. 그는 '메이커패드 Makerpad'라는 교육 사이트를 열었다. 기능 중심이고 어려운 전문 용어의 기존 강의를 일상적인 쉬운 언어로 재구성했다. 하지만 거기까지라면 그의 메이커패드가 특별하지 않았을 것이다. 진짜 차별점은 다음 단계에 있었다. 홈페이지 구축이나 자동화 방법을 쉽게 안내하는 것을 넘어, 사용자들의 실질적인 목표에 집중했다.

사용자들의 진짜 목적은 쇼핑몰을 만드는 것이 아니라 그 쇼핑몰로 돈을 버는 것이다. 그렇다면 쇼핑몰 구축에 그치지 않고 본질적인 목표까지 다뤄야 한다는 것이 그의 생각이었다.

"혼자서 월 100만 원 쇼핑몰 운영하기."

"코딩 없이 고객 자동 응대 시스템 만들기."

"에어테이블+자피어로 매출 1,000만 원 만들기."

사용자들은 기술 언어가 아닌 일상의 언어로 만들어진 수업 내용에도 환호했지만, 그것을 도구로 단계별로 따라 하며 실제로 매출을 내는 시나리오별 가이드까지 해주니, 인증 사례가 쌓이며 메이커패드는 화제가 되었다.

자피어는 자신들이 만들어놓은 플랫폼에서 자신들도 몰랐던 문제점을 감지하고 그 문제의 해결은 물론, 더 나아가 고객의 진짜 니즈까지 해결하는 시나리오 교육을 설계한 메이커패드를 인수하기로 결정한다. 인수 후 자피어는 '자피어 유니버시티 Zapier University'를 만들고, 벤 토셀의 방식을 전면 도입했다. 기술이 아니라 사람의 '막막함'을 읽은 시선이 수백만 달러의 가치를 만든 것이다.

벤 토셀의 탁월함, 2가지 공백을 보다

벤 토셀의 탁월함은 2가지 공백을 동시에 본 데 있다.

첫 번째 공백은 기술과 사람 사이의 공백을 본 것이다. 기술은 있는데 사용자가 못 쓰는 곳, 코딩을 몰라도 무엇이든 할 수 있다고 말하는 '노코드 도구'와 그것을 사용하는 '비전공자' 사이의 공백'이었다. 이런 공백은 당사자들조차 인지하지 못하는 경우가 많다. 자피어는 자신들의 메뉴얼이 어렵다는 걸 몰랐다. 사용자들은 "내가 부족한가 보다."라고 자책했을 것이다.

두 번째 공백은 도구와 사업 사이의 공백을 본 것이다. 자피어를 활용해 쇼핑몰을 만들었다 치자. 그런데 그 다음은? 어떻게 돈을 벌지? 무엇을 어떻게 해야 하는지? 실제 사업의 가이드나 진척을 알려주는 곳은 어디에도 없었다. 그저 막막한 공백이었다. 자피어도 고객도 이것이 자피어가 해결해야 할 영역이라고 생각하지 않는다. 그건 고객이 마땅히 감당해야 할 영역이라 생각하기에 사용자는 더 막막한 공백을 느낀다.

사실 첫 번째 공백은 누구나 감지할 수 있다. "자피어 메뉴얼 어렵네." 하지만 대부분은 불만 토로로 끝낸다. 해결 주체가 자피어라고 생각하기 때문이다. 벤 토셀의 시선이 탁월했던 것은 두 번째 공백이다. 막막함을 읽어내고, 그 막막함의 해결책을 시나리오 기반 교육으로 설계한 것이다. 두 번째 공백을 읽고 설계하는 것은 쉽지 않다. 대부분의 사람은 첫 번째 불편에서 멈춘다. 하지만 벤 토셀은 두 번째 공백까지 꿰뚫고, 그 둘을 하나의 솔루션으로 연결했다. 바로 이 두 가지 시선이 자피어를 움직인 것이다.

AI 시대, 남이 못 보는 것을 보는 눈은 더 중요해진다.

AI가 등장하면서 지식의 접근성은 쉬워지고 실행의 난이도도 급격히 낮아졌다. 과거에는 아이디어가 있어도 만들기 어려워 포기했다. 하지만 이제는 AI가 대부분 도와준다. 기술적 장벽이 낮아졌다. 그렇다면 이제 무엇이 경쟁력인가?

'무엇을 할 것인가?'를 정하는 눈이다.

AI는 당신이 시키는 대로 만들어준다. 하지만 무엇을 시킬지는 AI가 정해주지 않는다. 어떤 문제가 중요한지, 어디에 기회가 있는지는 여전히 인간이 감지해야 한다.

벤 토셀이 2019년에 했던 일을, 이제는 챗GPT가 훨씬 빠르게 할 수 있다. 하지만 '비전공자의 막막함'이라는 '문제'를 발견하는 것은 여전히 인간의 몫이다.

AI 시대의 진짜 경쟁력은 문제를 발견하는 눈이다.

관점을 전환해 기회를 만드는 힘

•••

관점 전환으로 기회를 만든다

문제를 발견했다고 끝이 아니다. 벤 토셀처럼 그 문제를 새로운 방식으로 재해석할 수 있어야 한다. 불가능을 가능으로, 제약을 기회로 바꾸는 힘. 바로 관점 전환이 이어지는 두 번째 역량이다.

문제를 보는 사람은 많다. 하지만 그것을 어떻게 볼 것인가가 성공을 가른다. 누군가는 벽이라고 보는 것을, 누군가는 새로운 길을 향한 창으로 본다. 같은 장면인데, 관점 하나가 미래를 가른다. 다음의 3가지 사례는 관점을 바꾸어 벽을 문으로 바꾼 사람들의 이야기다.

과거와 현재를 한 곳에 : 나이키의 세레나 프로젝트

관점 전환의 첫 번째 사례는 나이키다.

'젊은 시절의 나와 지금의 나를 경쟁시켜 볼 수 있을까?'

'은퇴를 앞둔 최고의 테니스 선수가 자신의 젊은 시절과 마지막 경기를 펼친다면?'

나이키는 50주년을 맞아 이 물음을 현실로 바꿔냈다. AI는 1999년 US 오픈에서 첫 번째 그랜드슬램을 차지한 17세 세레나 윌리엄스와 2017년 호주 오픈에서 23번째 그랜드슬램을 들어 올린 35세 세레나 윌리엄스의 경기 스타일을 학습했다. 의사결정, 샷 선택, 반응 속도, 회복력, 민첩성 등 세밀한 데이터가 분석되었고, 스탠퍼드 대학의 vid2player 기술이 경기 장면을 재현했다. 패기만만한 17세의 세레나와 노련한 35세의 세레나가 같은 코트 위에서 맞붙는 장관이 펼쳐졌다. AI로 구현된 17세 세레나는 놀라운 체력과 스피드를 자랑했다. 코트 구석구석을 누비며 강력한 샷을 날렸다. 반면 35세 세레나는 십수 년간 쌓인 경험과 노련함이 달랐다. 결과적으로는 35세의 세레나가 승리했다. 체력은 뒤졌지만 경험과 노련함, 그리고 상대의 약점을 파악하는 안목이 젊음의 에너지를 능가한 것이다.

자신의 과거와 현재가 맞붙어 현재가 승리한 이 경기는 많은 이들에게 깊은 인상을 남겼다. 과거와 현재를 뛰어넘는 자기 자신과의 대결, 그리고 끊임없이 진화하는 인간의 가능성을 상징하는 프로젝트였다. 나이키는 이 가상의 매치를 유튜브로 생중계하며 전 세계 수백만 명의 팬들에게 메시지를 던졌다.

"우리는 멈추지 않는다. 우리는 진화한다."

불가능해 보이는 대결을 가능하게 만든 것은 기술이 아니라 "과거와 현재를 대결시켜보자는 보자는 남다른 관점이었다.(참조 : https://www.youtube.com/watch?v=2ehJczf2FEk)

죽은 작가가 가르친다 : AI 크리스티

나이키가 '시간'의 경계를 넘었다면, 출판업계는 '생과 사'의 경계를 넘었다. 2025년, BBC Maestro와 애거서 크리스티 재단은 사망한 지 반세기가 지난 추리소설의 여왕을 AI로 되살려냈다.

프로젝트 팀은 크리스티의 모든 작품을 분석했다. 그녀만의 독특한 문체, 캐릭터 설정 방식, 플롯 전개 패턴은 물론, 인터뷰에서 드러난 그녀의 철학과 세계관까지 세밀하게 파악했다. 챗GPT를 기반으로 한 AI는 크리스티가 살아 있다면 2020년대에 쓸 법한 추리소설을 창작하는 것을 넘어서, 디지털 크리스티로부터 직접 배우는 온라인 범죄소설 집필 마스터클래스를 탄생시켰다.

이 강의에서 AI 크리스티는 그녀만의 독특한 영국식 말투로 추리소설의 비밀을 전수한다. "독자를 교묘하게 속이는 방법", "완벽한 알리바이 만들기", "마지막 순간의 반전 설계하기" 등을 마치 살아 있는 스승처럼 가르친다고 한다.

우리는 종종 '나의 우상으로부터 배울 기회가 있다면'이라는 상상을 하곤 한다. 우디 앨런의 영화 「미드나잇 인 파리」(2012)가 그런 영화다. 영화에는 현재 삶에 만족하지 못하는 소설가가 나온다. 그는 자신의 우상들이 사는 1920년대 파리의 황금기를 동경하며 "그때 태어났다면 얼마나 좋았을까."라고 늘 생각한다. 어느 날 밤, 파리 거리를 거닐던 그에게 기적이 일어난다. 자정이 되어 나타난 고풍스러운 자동차가 그를 1920년대로 데려간 것이다. 그곳에서 그는 평생 동경해온 헤밍웨이와 문학을 논하고, 피카소와 예술에 대해 토론하며, 거트루드 스타인에게 자신의 원고 조언을 구한다. 주인공이 느끼는 감동은 이루 말할 수 없다. 책으로만 읽던 위대한 작가의 실제 목소리를 듣고, 그들의 창작 철학을 직접 경험하며, 무엇보다 그들이 자신의 작품에 피드백을 주는 순간의 전율. 이는 예술을 사랑하는 모든 사람이 한 번쯤은 꿈꾸는 판타지일 것이다.

하지만 이제는 판타지가 아니다. AI 시대에 우리는 역사 속 위인들을 디지털로 되살려 그들로부터 직접 배울 수 있게 되었다. 크리스티에게 추리소설 쓰기를 배우고, 다빈치에게 창작의 영감을 얻으며, 아인슈타인과 과학을 토론할 수 있는 세상이 열린 것이다. 기술이 가능하게 했지만, 시도하게 만든 건 "죽은 작가도 선생님이 될 수 있다."는 관점이었다.

캔버스를 든 사진작가 : 이명호의 관점 실험

AI 없이도 관점 전환은 가능하다. 오히려 가장 아날로그적인 방식으로 혁신을 만든 사례가 있다. 한국의 이명호 사진작가 이야기다.

그는 "왜 사진은 회화처럼 예술 취급을 받지 못하는 것일까?"라는 질문을 품고 살았다고 한다. 나무를 그린 회화는 예술이 되는데, 왜 나무를 찍은 사진은 동급의 예술적 평가를 받지 못하는가? 이 질문에서 시작된 그의 실험은 파격적이었다. 그는 자연 속 나무 뒤에 거대한 흰색 캔버스를 세우고 사진을 찍었다. 마치 나무가 캔버스에 그려진 듯한 착각을 불러일으키는 작업이었다. 그의 작품을 보면 관람자들은 무의식중에 '그림일까, 사진일까?' 하는 감각의 경계를 넘나들게 된다. 아래 QR코드로 볼 수 있다.

이명호 작가 작품 바로보기

처음에는 전문가들이 "사진으로 장난질한다."며 비난했다고 한다. 하지만 그의 철학적 질문과 실험은 결국 미국 화랑계에서 인정받았다. 회화와 사진, 현실과 허구 사이의 경계를 재치 있게 탐구한 그는 이제 세계적인 아티스트의 반열에 올라 있다.

이명호의 관점 전환	
기존 관점	전환된 관점
사진은 현실을 기록한다.	사진도 현실을 창조할 수 있다.
회화가 예술이다.	사진도 회화만큼 예술이다.
캔버스는 화가의 도구다.	캔버스가 사진작가의 도구도 될 수 있다.

이 사례를 든 이유는 관점 전환의 본질을 보여주기 위해서다.

도구는 중요하지 않다. AI든 캠버스든 붓이든. 중요한 것은 기존의 고정관념을 깨는 질문이다. "왜 사진은 예술 취급을 못 받지?"라는 질문 하나가 거대한 캔버스를 든 사진작가를 만들었다.

AI 시대, 관점 전환이 더 중요해진 이유

3가지 사례를 보면 공통점이 있다. 기술은 도구였고, 핵심은 관점이 다른 질문이었다.

나이키 : "과거의 세레나와 현재의 세레나가 맞붙는다면 누가 이길까? ?"

크리스티 재단 : "죽은 작가도 선생님이 될 수 있을까?"

이명호 : "사진도 회화처럼 예술이 될 수 있을까?"

AI 시대에 이런 '다르게 보기' 역량은 더욱 중요해진다. AI가 기존의 많은 일을 대체하면서, 정말로 인간만이 할 수 있는 일은 바로 **관점의 전환**이 되었기 때문이다. AI는 패턴을 학습하고 따라 할 수 있지만, 근본적인 관점을 바꾸는 것은 여전히 인간의 고유 영역이다. AI 시대에 필요한 인재는 기존의 한계와 고정관념을 뛰어넘어 완전히 새로운 관점으로 문제에 접근하는 사람이다.

도전과 실행의 용기

...

무조건 해보는 사람이 미래를 만든다

앞서 우리는 AI 시대 인재상으로 '문제를 발견하는 눈과 실행력', '관점을 전환하는 힘'을 살펴보았다. 벤 토셀은 코드를 몰라도 노코드 앱을 배워 고객 문제를 해결했고, 나이키는 세레나 윌리엄스를 과거와 현재의 모습으로 AI 대결시켜 새로운 마케팅의 장을 열었다.

이들의 공통점은 무엇일까? 바로 망설임 없이 행동에 나섰다는 점이다. AI 시대, 가장 중요한 인재상은 'AI와 함께 도전하고 실행하는 사람'이다.

자격이 없어도 : 게임 회사 직원이 미술 대회 1등을 차지한 날

2022년 8월, 콜로라도 주립박람회 미술 경연대회는 역사상 가장 큰 논란에 휩싸였다. 1등을 차지한 작품 '스페이스 오페라 극장 Théâtre D'opéra Spatial'의 제작자가 전통적인 의미의 화가가 아니었기 때문이다.

제이슨 앨런 Jason Allen은 게임 회사에서 일하는 평범한 직장인이었다. 미술을 전공하지도 않았고, 화실에서 붓을 잡아본 경험도 거의 없었다. 하지만 그에게는 예술에 대한 순수한 열정이 있었다. 어느 날 미드저니 Midjourney라는 AI 도구를 발견한 그는 "나도 예술가가 될 수 있을까?"라는 질문을 던지며 바로 실험에 뛰어들었

2022년 콜로라도 주립박람회 미술 경연대회에서 1등을 차지한 「스페이스 오페라 극장」.

다. 약 100시간에 걸쳐 900여 개의 이미지를 생성했다. 수백 번의 프롬프트 실험을 통해 자신만의 스타일을 완성해갔다.

주변 사람들의 반응은 차가웠다. "미술 대회는 진짜 화가들이 나가는 거야.", "AI로 만든 건 예술이 아니야." 하지만 제이슨은 개의치 않았다. 그는 최고의 작품 3개를 선별해 당당히 대회에 출품했다.

예상을 뒤엎고 그가 1등을 차지했다. 미술계는 격렬하게 반발했다. "이건 예술이 아니라 버튼 누르기일 뿐이다.", "진짜 화가들의 노력을 모욕하는 것이다."라는 비난이 쏟아졌다.

하지만 제이슨은 반박했다. '나는 900개의 이미지를 만들며

100시간을 투자했다. 프롬프트를 정교하게 다듬고, 구도를 조정하고, 색감을 선택했다. 이것이 예술이 아니라면, 카메라로 찍은 사진도 예술이 아닌가?'

실제로 사진이 발명되었을 때도 비슷한 논란이 있었다. '버튼만 누르면 되는데 무슨 예술이냐'는 비판을 받았다. 하지만 지금 사진은 엄연한 예술 장르다. 제이슨은 AI 시대의 새로운 아티스트가 된 것이다.

분명한 것은 제이슨 앨런이 엔터 버튼만으로 작품을 만든 게 아니라는 점이다. AI라는 도구로 지시를 정교하게 하며 수백 번의 시도를 통해 작품이 탄생한 것이다. 그 노력은 전통 예술가들의 노력과 무엇이 다른 것일까? 자격이 없어도 도전하는 용기가 AI 시대의 새로운 아티스트를 만들었다

고령이라도 : 82세에 앱 개발자가 된 일본 할머니

"나이는 숫자에 불과하다."는 말을 가장 극적으로 증명한 사람이 있다. 일본의 와카미야 마사코若宮正子 다. 그녀는 82세에 자신의 첫 번째 스마트폰 앱을 출시했다.

은퇴한 은행원이었던 마사코는 고령자를 위한 스마트폰 앱이 없다는 것에 문제의식을 느꼈다. 글씨는 작고 용어는 어려웠다. "그렇다면 직접 만들어보자."고 생각한 그녀는 도전을 시작했다.

주변 사람들의 반응은 예상 가능했다. "그 나이에 할머니가 무슨 앱 개발을……." "그런 어려운 걸 왜 시작해?" 하지만 마사코

는 굴하지 않았다. 온라인 커뮤니티에서 젊은 개발자들과 소통하며 어려운 개발 언어를 배웠다. 이해하지 못하는 기술 용어들과 씨름하며 밤낮으로 공부했다.

82세의 나이에 그녀는 '히나단 Hinadan'이라는 일본 전통 인형 놀이 앱을 완성한다. 히나 마쓰리(여자아이의 날)에 인형을 올바른 순서로 배치하는 게임이었다. 고령자의 인지 능력 향상을 돕는 동시에 일본 문화를 젊은 세대에게 전달하는 앱이었다. 글자는 크게, 아이콘은 단순하게, 설명은 쉽게 만들었다.

그녀는 지금, 세계 곳곳을 다니며 강연을 한다. "기술은 어렵지 않습니다. 나이는 장벽이 아닙니다. 배우고 싶다는 마음만 있으면 됩니다." 그녀는 노인과 기술을 잇는 다리가 되고 싶다고 말한다.

늦게 시작했지만, 그 늦음이 오히려 그녀만의 독특한 관점을 만들었다고 한다. 젊은 개발자들이 미처 보지 못한 노년의 불편과 필요를, 그녀는 누구보다 섬세하게 이해했다. 누구에게나 자신이 잘 아는 영역이 있다고 말하는 그녀의 이야기는 우리에게 말해준다. 늦은 도전은 있어도, 쓸모 없는 도전은 없다.

완벽하지 않아도 : 23세 대학생이 아프리카에서 일으킨 의료 혁명

우간다의 마케레레대학 컴퓨터공학과 학생이었던 브라이언 기투 Brian Gitta는 여동생이 말라리아로 고생하는 모습을 보며 절박한 질문을 던졌다. "병원에 가지 않고도 말라리아를 진단할 방법은 없을까?" 여동생은 자주 말라리아 검사를 받으러 병원에 가야 했다. 병원까지 가는 길도 멀고, 비용도 부담이었다. 브라이언은 가족이 겪는 이 불편함이 우간다 전역의 문제라고 판단했다.

아프리카에서 말라리아는 매년 40만 명 이상의 목숨을 앗아가는 무서운 질병이다. 하지만 정확한 진단을 위해서는 혈액을 채취해 현미경으로 검사해야 했다. 의료진과 장비가 부족한 농촌 지역에서는 이런 진단 자체가 거의 불가능해 많은 사람들이 말라리아인지 모른 채 죽어갔다

컴퓨터공학과 학생이었던 그는 AI가 해결책이 될 수 있다고 직감했다. 주변 사람들의 우려가 컸지만, 그는 실험에 뛰어들었다. 의학 논문들을 찾아 읽었고, 어려운 용어를 하나씩 이해해갔다. 그러던 중 흥미로운 사실을 발견했다. 말라리아에 감염되면 적혈구안에 기생충이 들어가면서 적혈구의 자기적 특성이 미세하게 변한다는 것. "피를 뽑지 않고도 이 변화를 감지할 수 있다면?" 그는 적외선과 자기장 센서를 이용한 비침습적 진단 장치를 구상했다. AI는 정상 적혈구와 감염된 적혈구의 자기적 신호 패턴을 학습했다. 손가락만 올려놓으면 2분 안에 진단할 수 있는 디바이스를 생각해냈다. 2년간 수백 건의 임상 테스트를 거쳤고, 80% 이상의 정확도를 달성했다. '마티바부 Matibabu', 스와힐리어로 '치료'라는 이름의 이 디바이스는 혁명적이었다. 바늘이나 혈액 채취 없이도 손가락을 올려놓는 것만으로 2분 안에 말라리아 진단이 가능했고, 스마트폰 앱과 연동되어 누구나 쉽게 사용할 수 있었다.

23세 대학생의 무모해 보였던 도전이 WHO와의 협력으로 이

어졌고, 우간다 정부의 공식 승인을 받았다. 현재 케냐, 탄자니아 등 아프리카 여러 국가에서 실제 의료 현장에 사용되고 있다. 브라이언은 말했다.

"완벽한 의료 기기를 만들려고 했다면 아직도 시작하지 못했을 거예요. 하지만 80% 정확도로도 수많은 생명을 구할 수 있다면, 그것만으로도 시작할 가치가 있지 않나요?"

도전 정신의 3가지 공통 원리

이들의 성공 스토리에는 공통된 원칙이 흐르고 있다.

첫째, 자격보다 의지를 우선한다. 제이슨은 미술 전공자가 아니었고, 마사코는 프로그래머가 아니었으며, 브라이언은 의료진이 아니었다. 하지만 그들은 자격증이나 학위보다 "해보고 싶다."는 순수한 의지를 더 중요하게 여겼다.

둘째, 완벽함보다 시작을 택한다. 모든 준비가 완료될 때까지 기다리지 않았다. 부족하더라도 일단 시작했고, 하면서 배우고 개선해 나갔다. 완벽한 계획보다는 빠른 실행과 지속적인 개선에 집중했다.

셋째, 비판을 동력으로 전환한다. 주변의 반대나 비판을 포기의 이유로 삼지 않았다. "네가 뭘 할 수 있겠어."라는 외부의 비판보다 내면의 동기를 따라 끝까지 도전했다.

"해봤어?" – 정주영 회장이 남긴 AI 시대의 화두

이들의 이야기를 쓰다 보니, 한국의 한 기업가가 떠올랐다. 현대 그룹 정주영 회장이다. 그의 경영 철학은 단순명료했다. "해봤어?"

조선업에 대해 아무것도 몰랐지만 울산에 조선소를 지었고, 자동차를 한 번도 만들어본 적 없지만 현대자동차를 창업했다. 모든 전문가들이 '불가능하다'고 했을 때 그는 "해봤어?"라고 반문했고, "해봤어?" 정신으로 만든 두 산업이 오늘날 한국 수출의 큰 축을 담당하고 있다.

이 정신은 한국의 산업화 초기에만 필요했던 것이 아니다. 지금 AI 시대에도 똑같이 유효하다. 모든 것이 불확실하고 새로운 룰이 만들어지고 있는 시점에서, 가장 중요한 것은 머뭇거리지 않고 "일단 해보는 것"이다. 제이슨도, 마사코도, 브라이언도 모두 "해보자."라는 도전으로 시작했다.

아무것도 모를 때, 기존 질서가 사라지고 새로운 질서가 만들어지는 혼란기에 최고의 성공 키워드는 바로 "해봤어?"가 된다.

AI 시대의 승자는 '일단 해보는 사람'

AI 시대의 가장 큰 특징은 실험 비용이 급격히 낮아졌다는 점이다. 과거에는 새로운 시도를 하려면 거대한 자본과 인력, 시간이 필요했다. 하지만 이제는 AI 도구를 활용하면 개인도 충분히 혁신적인 실험을 할 수 있게 되었다.

이런 환경에서 가장 중요한 능력은 "일단 해보는 것"이다. 머릿속으로만 생각하고 완벽한 계획을 세우려는 사람들 사이에서, 당장 시작해서 실험하고 개선해나가는 사람들이 승리하고 있다.

이들의 이야기가 주는 가장 강력한 메시지는 "당신도 할 수 있다."는 것이다. 학력, 경험, 자격증, 나이 — 이 모든 것들이 AI 시대에는 절대적인 조건이 아니게 되었다. 중요한 것은 문제를 발견하는 눈, 관점을 전환하는 힘, 그리고 무조건 해보는 용기와 도전이다. 이 3가지만 있다면 누구든 AI 시대의 혁신에 도전할 수 있다.

지금도 어딘가에서는 "이것을 해볼까?"라고 질문하며 새로운 실험을 시작하는 누군가가 있을 것이다. 그 누군가가 바로 당신이 될 수 있다. 필요한 건 전문 지식이 아니라 해보자는 마음과 시도하는 용기다. AI 시대의 진정한 승자는 가장 똑똑한 사람이 아니라, 가장 빨리 시도해보는 용기를 가진 사람이다.

시대는 변하지만 인재의 본질은 같다

•••

시대는 언제나 변하지만, 인재의 본질은 항상 같다.

AI 시대 인재상으로 우리는 '문제를 발견하는 눈', '관점을 전환하는 힘', '무조건 해보는 도전의 용기'를 이야기했다. 하지만 마지막으로 가장 중요한 질문이 남는다. 과연 AI 시대만의 특별한 인재상이 따로 존재할까?

그 답을 찾기 위해, 90년을 살아오며 82세에 프로그래밍을 배위 세계 최고령 앱 개발자가 된 와카미야 마사코의 이야기를 더 깊이 들여다보자.

전쟁을 견디며 다져진 결기

1935년생인 마사코는 초등학생 때 제2차 세계대전을 겪었다. 부모와 떨어져 피난 생활을 하고, 하루아침에 모든 일상이 무너진 극한 상황과 고난은 그녀에게 특별한 능력을 길러주었다고 회고한다. 그것은 "어지간한 곤경에 동요하지 않는 힘"이었다. 훗날 82세에 프로그래밍을 배우기 시작할 때, 주변의 비웃음에도 흔들리지 않을 수 있었던 이유가 바로 이것이었다. 어린 시절 전쟁이라는 극한 상황을 견뎌낸 경험이 평생의 정신적 자산이 된 것이다.

마사코는 40년 넘게 은행원으로 일했다. 당시 은행원에게 가장 중요한 기술은 지폐를 빠르게 세고 주판을 정확히 다루는 것이었다. 솔직히 그녀는 이 분야에서 뛰어나지 못했다고 한다.

그런데 1970년대부터 변화가 시작되었다. 전자계산기가 등장하고, 지폐 세는 기계가 들어오고, 컴퓨터가 도입되기 시작했다. 놀라운 광경이 펼쳐졌다. 지폐 세는 기술이 뛰어났던 동료들이 새로운 기계 앞에서 속수무책이 된 것이다. 반면 마사코는 달랐다. 기술이 바뀌자 영업력과 창의력이 중요해졌다. 마사코는 오히려 "시대가 변했으니 나도 변해야 한다."는 마음으로 새로운 업무 방식을 배우고 적응하며 변화를 받아들였다.

60세, 처음 PC 통신을 하다

1990년대 중반, 60세로 정년퇴직을 앞둔 마사코에게 새로운 호기심이 생겼다. 퇴직 후 집에서도 사람들과 수다를 떨고 싶었던 그녀는 PC 통신에 관심을 갖기 시작했다.

"컴퓨터라는 게 뭔지 궁금해."라는 호기심으로 시작했지만, 곧 새로운 세계에 빠져들었다. 온라인에서 만난 사람들과의 소통은 그녀에게 신선한 즐거움이었다. 컴퓨터를 통해 자신이 느낀 행복을 다른 노인들에게도 알려주고 싶었던 마사코는 자신의 집을 교실로 만들었다. 컴퓨터를 가르치는 봉사 활동을 시작한 것이다. "늦은 나이에 무언가를 배우는 데는 기술의 난이도보다 마음가짐이 더 중요하다."는 그녀만의 철학으로 시작한 것이다.

마사코의 창의력은 엑셀에서도 빛을 발했다. 그녀는 엑셀의 셀 병합, 가운데 맞추기 등의 기본 명령어를 응용해 장미꽃 같은 다양한 무늬와 도안을 만드는 '엑셀 아트'를 창조했다. "창의력과 장난기만 있으면 된다."는 그녀의 말처럼, 업무용 프로그램인 엑셀을 예술 도구로 바꿔버린 것이다. 이 작품들은 일본에서 화제가 되었고, 고령자들 사이에서 새로운 취미 문화를 만들어냈다.

82세, 앱 개발자로 도전하다

2017년, '노인이 즐길 게임이 없다는 점'에 의문을 품은 마사코는 82세에 프로그래밍을 배우기 시작했다. 쉬운 일이 아니었다. 하지만 끊임없이 공부하고 커뮤니티와 소통하며 1년 만에 '히나

단'이라는 앱을 완성했다. 일본 전통 인형 놀이를 게임으로 만든 것이었다.

시행착오, 오류, 실패가 숱하게 많았다. 하지만 그녀에게 그것은 좌절이 아니라 배움의 기회였다. "모르는 게 있으면 물어보면 되고, 틀리면 고치면 되는 거 아닌가?"라는 단순하면서도 강력한 마음가짐이었다.

'히나단' 앱으로 그녀는 전 세계에서 최고령 앱 개발자로 유명세를 타기 시작했다. 애플의 개발자 회의에 초대되었고, CEO 팀 쿡은 "우리에게 용기를 주는 존재"라고 존경을 표하고, 마이크로소프트도 엑셀 아트에 경의를 표했다.

90년 여정이 알려주는 인재의 조건

마사코는 90년 인생 여정을 통해, 오늘의 정답이 내일의 오답이 되는 시대 속에서 살아남은 비결을 세 가지로 말한다.

1. 호기심이 모든 성장의 시작이다

60세에 컴퓨터를, 82세에 프로그래밍을 시작할 수 있었던 원동력은 "그게 뭔지 궁금해."라는 순수한 호기심이었다. 나이가 들수록 호기심을 잃기 쉽지만, 마사코는 오히려 더 많은 것에 관심을 가졌다.

2. 배우려는 태도가 변화에 대응하는 핵심이다

지폐 세는 기술이 무용지물이 되었을 때, PC와 엑셀이 등장했을 때, 스마트폰 시대가 왔을 때마다 그녀는 "배워야겠다."고 생각했다. "배우고자 하는 태도만 있으면 어느 시대가 와도 살아갈 수 있다."는 그녀의 말이 90년 인생의 핵심이다.

3. 자신만의 생각이 진짜 경쟁력이다

프로그래밍을 할 줄 아는 사람은 많다. 하지만 "무엇을 위해 프로그래밍을 할 것인가?"라는 생각이 더 중요하다. 마사코는 자신이 애정을 가진 영역(노인 문제)에서 불편함을 발견하고, 그것을 해결하려는 자신만의 생각을 가졌기 때문에 성공할 수 있었다.

시대는 변해도 인재의 본질은 같다

흥미롭게도 20대 중반의 실리콘밸리 창업자도 같은 이야기를 한다. MIT를 자퇴하고 AI 기반 코드 편집기 '커서 Cursor'를 만든 마이클 트루엘 Michael Truell 은 현재 실리콘밸리에서 가장 주목받는 젊은 창업자다. 불과 20대 중반에 연간 반복 매출 1억 달러를 달성한 그는 "개발자의 작업 방식 자체를 AI로 바꾸겠다."는 비전을 현실로 만들었다.

마이클은 누구보다 코드를 잘 쓰는 천재였지만, 그의 인재 채용 핵심은 3가지, '지적 호기심, 실험 정신, 정직함'이다. AI가 아무리 똑똑해도, 그것을 인간적인 방식으로 다듬고 성장시키는 건 결국 사람의 일이기 때문이다. "기술이 빠를수록, 사람은 더 깊어야 한다."고 말한다.

90세 개발자와 20대 창업자. 70년 가까운 나이 차이에도 불구하고 그들이 말하는 핵심은 같다. 이 둘의 공통된 이야기를 통해 우리는 깨닫는다. AI 시대만의 특별한 인재상은 따로 없다는 것을. 결국 어느 시대든 생존을 위한 키워드는 같다. 궁금하면 묻고, 끊임없이 배우고, 그 속에서 자신만의 생각을 가져가는 것이다.

시대는 언제나 변한다. 오늘의 최고 기술이 내일은 구식이 되고, 지금의 성공 공식이 몇 년 후에는 실패 공식이 될 수 있다. 하지만 변하지 않는 것이 있다. 호기심을 잃지 않는 마음, 배우려는 겸손한 태도, 자신만의 생각을 키워가는 주체성. 이 3가지는 전쟁 시대에도, 산업화 시대에도, 디지털 시대에도, 그리고 지금의 AI 시대에도 변하지 않는 인재의 조건이다.

호기심을 잃지 않고, 배움을 멈추지 않으며, 자기 주도성으로 끊임없이 성장하는 사람. 그들이 전쟁 시대에도, 산업화 시대에도, 디지털 시대에도, 그리고 AI 시대에도 살아남는 진정한 주인공이다.

도전자의 마음으로, 좋아하는 일을 향해

• • •

지금까지 우리는 AI 시대에 필요한 역량을 살펴보았다. 감지력, 관점 전환 그리고 도전할 용기. 이 3가지는 시대를 초월한 인재의 본질이자 변화를 이끄는 사람들의 공통점이다. 이제 마지막 질문이 남는다.

우리는 어떤 마음으로 이 변화를 맞이할 것인가?

AI가 세상의 속도를 바꿨다. 초보의 일은 AI가 대신하고, 고수의 능력은 AI가 증폭한다. 같은 변화 앞에서 누구는 자리를 잃고, 누구는 더 높이 날아오른다. 아이러니하게도, 성과 좋은 회사에서조차 '시대에 맞지 않는다'는 이유로 해고되는 시대다. 안정적인 직업은 점점 허상이 되어간다.

그렇다면, 아직 '고수'라 부르기엔 미흡한 우리는 어디에 서야 할까? 정답은 기술이 아니라 태도에 있다. 무엇을 아느냐보다 어떤 마음으로 배우느냐가 길을 가르기 때문이다. 앞선 장에서 마사코와 트루엘이 보여준 것도 바로 이 '도전자의 마음'이었다. 불안 대신 호기심으로, 두려움 대신 탐구심으로 접근하는 태도. 그 순간, AI는 더 이상 도구가 아니라 아이디어의 동반자가 된다.

아이디어에 날개를 다는 AI

스티브 잡스와 스티브 워즈니악을 떠올려보자. 잡스는 세상을 바꿀 '비전'을 그렸고, 워즈니악은 그 비전을 현실로 만든 '손'이었다. 두 사람의 결합이 개인용 컴퓨터라는 새 시대를 열었다. 이제 그 사이에 새로운 다리가 놓였다. AI가 '구현'과 '실행'의 벽을 낮추며 우리 모두에게 워즈니악의 '손'을 선물하고 있다.

아이디어가 있어도 실행 기반이 부족했던 이들에게 AI는 날개를 달아준다. 예전엔 몇 달 걸리던 시도가 이제는 며칠, 또는 몇 시간 만에 가능하다. 이 변화는 주류와 비주류의 경계를 허물고,

절박함과 상상력이 결합된 사람들에게 전혀 새로운 길을 열어준다. 유튜브가 개인에게 '미디어의 1막'을 열어줬다면, AI는 '창조의 2막'을 열고 있다. 일자리는 줄어드는 듯 보여도, 무대는 점점 넓어지고 있다. 그 무대에 서는 사람은 기술을 완벽히 아는 사람이 아니라 '배우며 끝없이 시도하는 사람'이다.

동사로 사고하라, 사람을 향하라

AI는 천재지만, 인간의 감각은 여전히 대체되지 않는다. 이세돌 9단이 바둑에서 은퇴하며 "AI로 인해 예술로서의 바둑은 끝났다."라고 했다. 이 말에는 중요한 진실이 담겨 있다. 이기는 법은 배울 수 있어도 한 수 한 수에 깃든 '명국名局의 미학', 즉 과정의 아름다움은 AI의 영역이 아니라는 것이다.

일도 마찬가지다. AI는 최적의 답을 내놓지만, 사람이 진짜 원하는 것의 결을 느끼는 건 여전히 인간의 몫이다. 환자의 마음을 읽는 의사, 학생의 호기심을 포착하는 교사, 의뢰인의 두려움을 헤아리는 변호사, 손님의 마음을 위로하는 가게 주인. 결국 인간은 결과가 아닌 과정의 온도를 다루는 존재다.

우리는 직업을 명사로 배워왔다. 의사, 교사, 변호사, 디자이너 등. 명사는 정지된 단어다. 반면 동사는 살아 움직인다. 가르치고, 돕고, 설계하고, 위로하고, 연결하는 행위 속에서 우리는 스스로를 다시 정의할 수 있다.

AI는 명사를 복제하지만, 동사의 온도와 방향, 즉 '사람을 향하는 힘'은 복제하지 못한다. 동사형으로 사고하면 무엇을 해야 할지, 그리고 AI와 차별되는 나만의 방향을 찾을 수 있다. 이것이 인간만이 가질 수 있는 마지막이자 값진 능력이다.

좋아하는 것이 곧 정답이다

'도전자의 마음'은 결국 자신이 좋아하는 일을 향할 때 가장 빛난다. "뛰는 사람 위에 나는 사람, 그 위에 좋아하는 사람이 있다." 익숙한 말이지만 여전히 강력한 진실이다. 억지로 성실한 사람보다 좋아서 몰입하는 사람이 더 멀리 간다.

아이들이 유튜버나 틱토커를 꿈꾼다고 걱정하는 어른들이 있다. 하지만 나는 그 안에서 희망을 본다. 신나게 몰입하고, 최고가 되고 싶은 마음, 그 마음은 이 시대의 힘이다. 억지로 성실했던 과거와 달리, AI 시대는 좋아해서 자발적으로 하는 것이 새로운 길을 연다.

AI는 실패의 비용과 도전의 문턱을 낮추었다. 망설이지 않고 시도하는 사람, 좋아하는 일에 몰입하는 사람이 이 시대의 주인공이 된다. 좋아하는 일은 몰입을 낳고, 몰입은 더 좋은 아이디어를 낳는다. 작은 성공은 자신감을, 자신감은 더 깊은 몰입을 부른다. 좋아하는 일은 그렇게 직업이 된다.

누군가 이렇게 말한다.

"좋아하는 일을 해야 한다는 건 알지만 정작 내가 무엇을 좋아하는지 모르겠어요." 그 말이 맞다. 좋아하는 일을 찾는 것은 보물찾기와 같다. 자신을 관찰하고, 부딪치고, 때로는 헤매며 감각을 키워야 한다. 헤매는 것도 경쟁력이고, 자산이다. 그 속에서 비로소 '좋아하는 것'에 대한 취향과 자신만의 감각이 자란다.

'감각感覺'이라는 말은 느낄 감感, 깨달을 각覺으로 이루어져 있다. 느낀 뒤에 오는 깨달음, 즉 자신이 좋아하는 것에 대한 통찰은 경험의 축적 위에서 자연스럽게 피어나는 것이다. 좋아하는 일은 책상 위에서 찾는 게 아니라, 직접 부딪히고, 몸으로 살아보는 과정에서 발견된다. 그 여정 자체가 당신의 내공이자, AI가 대신할 수 없는 감각의 근원이다.

영화 「F1 더 무비」(2025)의 주인공 소니(브래드 피트 분)는 이 진실을 보여준다. 30년 전 F1 우승을 놓치고 레이싱계를 떠났던 그는, 최하위 팀의 멘토이자 선수로 복귀해 최고령 우승자가 된다. 승리의 파티를 뒤로한 그는 사막의 작은 레이싱장으로 떠난다. "(F1 우승자가) 왜 여기에 왔소?"라는 질문에 그는 답한다. "돈은 중요하지 않소. 좋아하니까." F1의 화려한 기술과 무대를 뒤로하고, 그는 낡은 차를 몰며 사막을 춤추듯 달린다. 60이 넘은 소니는 행복하다. 좋아하는 마음이야말로 평생을 달리게 하는 연료다.

경쟁 대신, 나만의 무대를 만들어라

AI 시대, 어떤 직업이 뜰지, 어떤 선택이 옳을지 불안하다. 불과 몇 년 전 코딩이 미래라던 열풍은 이제 흔들린다. 그렇다면 우리는 어디에 시간을 쏟아야 할까? 뜨는 직업을 좇는 대신, 내가 진정으로 좋아해서 몰입할 수 있는 곳을 찾아 집중하는 것이 정답이다.

피터 틸은 말했다. "경쟁하지 말고 독점하라." 독점은 시장을 장악한다는 뜻을 넘어 내가 좋아하고 강점이 있는 영역, 열정을 쏟을 수 있는 나만의 무대를 만들라는 것이다. 좋아하는 일에 애정과 꾸준함을 쏟을 때 그 길은 비로소 당신의 것이 된다.

당신을 달리게 하는 근원은 무엇인가? 돈, 성과, 성공은 언젠가 한계에 부딪힌다. 하지만 좋아하는 마음은 다르다. 그 마음은 평생 당신을 나아가게 한다. 지금 직업의 절반이 사라질 거라는 전망은 무섭지만, 동시에 기회다. 평생 몰입할 수 있는 것을 찾아 헤매라. 헤매는 것도 자산이다.

AI가 세상을 아무리 바꿔도, 결국 사람을 움직이는 것은 기술이 아니라 마음이다. 좋아하는 일을 붙들고, 동사로 역할을 확장하며, AI를 동반자로 삼아 첫걸음을 빠르게 내디딜 때, 우리는 나만의 무대에서 춤추는 사람이 된다. 그 순간 불안과 경쟁은 희미해진다. 이미 자신의 세계에서 놀고 있기 때문이다.

AI 감수성을 키우자

• • •

앞에서 우리는 '도전자의 마음'으로 '좋아하는 일'을 찾아가는 여정을 이야기했다. 자신만의 무대에서 춤추는 사람이 되기로 결심했다면, 이제 그 춤을 가장 효과적으로 보여줄 파트너, AI를 다시 바라봐야 한다.

단순히 AI의 기능을 익히는 것만으로는 부족하다. 당신이 발견한 그 고유한 '좋아하는 마음'과 '사람을 향한 동사'를 차가운 디지털 기술에 온전하게 담아내는 번역의 기술이 필요하다. 기술이 평준화된 시대, 당신의 무대를 돋보이게 할 마지막 열쇠는 바로 기술을 다루는 '감각'이다.

AI 감수성을 키우자 - 리터러시를 넘어 감각의 시대로

그동안 우리는 'AI 리터러시 Literacy'에 많은 시간을 쏟아왔다. 어떤 도구가 있는지, 프롬프트를 어떻게 작성해야 답변이 잘 나오는지, AI의 한계는 무엇인지 공부했다. 마치 새 스마트폰을 손에 쥐고 '사용법'을 익히듯 열심히 공부했다. 물론 새로운 도구가 등장했을 때 그 '사용법'을 익히는 것은 필수적인 과정이다. 하지만 챗GPT, 클로드, 제미나이 같은 고성능 AI가 대중화되고, 누구나 월 20달러면 최상위 지능을 빌려 쓸 수 있는 지금, AI간 기술 격차는 빠르게 희미해지고 있다. 어제까지 놀라웠던 기술이 오늘은 평범한 일상이 되어버리는 속도 속에서, 우리는 근본적으로 새로운 질문을 던져야 한다.

"왜 똑같은 AI를 쓰는데, 누군가는 AI로 고객을 감동시키고 누군가는 AI 적용이 여전히 뻣뻣하고 기계적인가?"

이제 문제는 'AI를 아느냐 모르느냐'의 차원이 아니다. '그것을 어디에, 어떻게 녹여내느냐'의 싸움이다. 나는 이 결정적 차이를 만드는 능력을 'AI 감수성 AI Sensibility'이라 부르고 싶다. 여기서 말하는 감수성은 예술가적 예민함이나 낭만적인 감정을 뜻하는 것이 아니다. 시장의 미묘한 기류를 읽고, 고객이 겪는 아주 작은 불편을 포착하여 그 틈새에 기술을 배치하는 비즈니스적 지각 능력이다. 즉, AI를 '아는' 단계를 넘어, 우리 제품과 서비스의 맥락 Context 속에 AI를 어디에 어떻게 스며들게 할지 결정하는 고도의 '감각'이다. 이 감수성은 크게 두 가지 차원으로 나뉜다.

첫째는 AI '적용 감수성', 즉 AI를 어디에 넣을지 감각하는 능력이다.

많은 기업은 AI 도입을 말하면서 "어디를 자동화할까? 어떤 업무를 대체할까? 어디에 AI를 넣어볼까?" 같은 질문을 던진다. 하지만 AI 감수성이 뛰어난 조직은 질문이 다르다. 그들은 고객의 감정이 흔들리는 순간, 의사결정이 망설여지는 결정적 지점을 찾는다.

토스증권의 예는 이를 잘 보여준다. AI로 종목을 추천하는 것은 증권업에서는 이미 새로운 일이 아니다. 하지만 토스는 기능이 아니라 '심리적 순간'을 겨냥했다. 투자자가 가장 불안해하는 순간 — '이 추천, 믿어도 될까? 근거가 뭐지?' 하는 순간 말이다. 바로 그 순간에 AI는 판단 근거를 투명하게 보여준다. 'AI가 시그널

요인을 요약했어요'라는 탭에는 시장 수급 변동, 산업 전반, 경쟁사 소식, 사업 리스크, 현금 배당 등의 카테고리를 넣어 볼 수 있게 했고, 다음 탭에서는 종목별로 'AI가 핵심 시그널을 찾았어요'라며 추천 이유가 무엇인지를 알려준다. 토스증권의 AI가 들어간 곳은 기능이 부족한 곳이 아니라, 신뢰가 필요한 순간의 빈자리였다. 바로 이것이 적용 감수성이다. "AI가 들어가야 할 곳은 기술이 비어 있는 곳이 아니라, 사람의 마음이 흔들리는 곳이다."

둘째는 AI '표현 감수성', 즉 기술이 고객에게 드러나는 언어와 태도를 설계하는 능력이다.

AI를 어디에 쓸지 정했다면, 그다음은 '어떻게 느끼게 할 것인가'의 문제다. 같은 기능을 수행하더라도 AI가 구사하는 어조Tone와 뉘앙스 하나가 고객 경험UX의 질을 완전히 바꾼다.

다이어트 코칭 AI가 탑재된 스마트 냉장고가 있다고 가정해보자. 늦은 밤 야식이 생각나 냉장고 문을 여는 고객에게 "밤이 깊었네요. 부담스러운 야식 대신, 숙면을 돕는 따뜻한 차 한 잔 어때요?"

이것은 단순한 데이터 처리가 아니다. 배려를 드러내는 언어다. 전자레인지가 조리를 마치고 '지금 꺼내면 접시가 뜨거우니 1분만 뒤에 꺼내세요'라고 말할 때, 고객은 차가운 기계가 아닌 나를 아끼는 누군가의 온기를 느낀다. 고객에게 AI는 복잡한 알고리즘이 아니라, 회사가 나를 대하는 태도 그 자체다. AI는 이제 회사의 인격을 드러내는 창이 된다.

결국 AI 시대의 진정한 경쟁력은 기술의 스펙보다 감수성의 깊이에서 갈릴 것이다. 모두가 같은 최고급 칼과 신선한 재료를 쥐고 있다면, 요리의 맛은 무엇이 결정하겠는가? 결국 재료를 다루는 셰프의 손끝 감각, 그리고 손님이 오늘 어떤 위로의 음식을 원할지 읽어내는 공감 능력이다.

예능 프로그램 〈냉장고를 부탁해〉를 떠올려보라. 똑같은 냉장고 속 재료를 가지고도 승패가 갈리는 이유는, 먹는 사람의 현재 상태와 마음을 더 깊이 읽어낸 셰프의 '해석 능력' 때문이다. 이제 스마트 냉장고에 AI가 탑재되는 시대다. 똑같은 재료와 똑같은 AI 기술을 가지고도, 어떤 브랜드는 고객의 건강을 진심으로 걱정하는 동반자가 되고, 어떤 브랜드는 그저 정보를 날라다주는 차가운 데이터 박스로 남을 수 있다. 그 차이가 바로 AI 감수성이다.

우리는 이제 AI를 읽고 쓰는 리터러시 Literacy 의 시대를 지나, AI를 감각하는 센서빌리티 Sensibility 의 단계로 들어섰다. 기술을 사람의 언어로 번역하고, 고객의 하루 중 가장 필요한 순간에 가장 적절한 온도로 다가가는 능력 말이다.

당신의 AI 적용은 지금 '우리도 AI를 쓴다'는 선언에 머물고 있는가, 아니면 고객의 마음이 흔들리는 곳에 서 있는가? 이제 리터러시를 넘어 AI 감수성을 키워야 한다. 그것이 AI가 범용화되어가는 시대에 살아남을 수 있는 유일한 생존력이자 차별력이다.

AI 러시 시대를 열어젖히는
개척자가 되기를

저는 오랫동안 현장에서 데이터 과학자들과 함께 일하며 예측 알고리즘을 만들고, 미래를 예측하려 애써왔습니다. 그러나 그 알고리즘의 유효 기간은 채 2년을 넘지 않았고, 시장은 언제나 예측과는 다른 방향으로 흘렀습니다. 변곡점이 찾아올 때마다 데이터 팀은 늘 시장과 고객을 읽는 마켓 인텔리전스 팀을 찾아와 물었습니다.

"무슨 변화가 일어나고 있나요?"

그럴 때마다 우리는 현장에서 감지한 작은 징후들, 즉 인간이 감각으로 포착한 신호들을 보태고 알고리즘을 수정했습니다. 그 과정을 거의 매년 반복했습니다. AI가 등장하면서 '이번에는 미래를 더 정확히 예측할 수 있을 것'이라는 기대에 들떴습니다. 하지만 현역을 떠난 지금까지도, 그 프로젝트가 성공했다는 소식은 듣지 못했습니다.

그래서 문득 생각하게 됩니다. '미래를 높은 확률로 예측한다는 것이 과연 가능하기나 한 걸까?' 피터 틸은 『제로 투 원 Zero To One』에서 이렇게 말했습니다.

"변화가 일어나지 않는다면 그것은 미래가 아니다. 앞으로 100년이 똑같다면, 그것은 현재의 지속이지 미래가 아니다. 미래는 변화가 일어나는 101년부터가 그 시작이다."

10여 년의 예측 프로젝트를 거치며 저는 한 가지 확신을 갖게 되었습니다. 미래는 현재와 다르기 때문에 미래입니다.

AI가 세상의 규칙을 해석하는 동안, 인간은 그 규칙을 바꾸고 깨뜨립니다. AI는 패턴을 찾지만 인간은 패턴을 깨뜨리고, AI는 확률을 계산하지만 인간은 가능성을 상상합니다. 그래서 미래는 불확실하고 불안합니다. 그러나 바로 그 불확실성 덕분에 AI 시대에도 인간의 역할을 믿게 됩니다.

AI가 아무리 빠르게 발전해도, 결국 그 도구를 어디에, 어떻게 쓸 것인가를 결정하는 힘은 인간에게 있습니다. 이것이 앞서 'AI 감수성'을 강조한 이유이기도 합니다. 기술의 스펙보다 더 중요한 것은 그 기술을 우리 비즈니스와 삶의 맥락 속에 적절히 배치하는 인간의 감각이기 때문입니다. 그래서 저는 이렇게 말씀드리고 싶습니다. AI를 가장 잘 활용할 수 있는 사람은 실리콘밸리의 천재가 아닙니다. **당신의 분야에서 AI를 가장 잘 쓸 수 있는 사람은, 바로 당신 자신입니다.**

이 책은 미래를 가장 깊이 고민하는 리더들이 AI를 어떻게 '무기'로 전환할 수 있는지를 말합니다. 저의 바람은 이 책이 단순히 한 번 읽고 덮어버리는 책이 아니라, 당신이 직접 AI와 함께 사고하고 실험하는 출발점이 되는 것입니다. 우연의 영감을 인위적으로 발견하도록 돕는 '큐레이션 프롬프트'를 만든 이유입니다. 아이디어 가속기인 큐레이션 프롬프트를 통해 AI 안에는 없는 생각, 새로운 연결을 길어 올리길 바랍니다. 또한 다양한 실행의 현장 곳곳에서 마주치는 수많은 고민 앞에 혼자 외로이 싸우지 않기를 바라는 마음으로, 인류 최고의 지성들과 대화하며 통찰을 얻을 수 있는 '현자들의 코칭 프롬프트'를 만들었습니다.

그리고 언젠가 이런 말을 듣게 된다면 저는 정말 행복할 것입니다.
"좋은 프롬프트를 모아, 조직의 자산으로 만들기 시작했다."

좋은 프롬프트는 한 번 쓰고 버리는 도구가 아니라, 다시 불러 쓰고 발전시킬 수 있는 지적 자본입니다. AI가 인프라가 된 시대, 프롬프트는 인간의 사고를 구조화하고 축적하는 새로운 형태의 지식 자산이 됩니다. 당신이 이 책을 통해 그런 자산을 만들고, 팀의 지식을 체계화하며, AI와 함께 지적 생태계를 설계하기 시작한다면 ― 그것이야말로 제가 이 책을 통해 바라는 변화입니다.

우리는 모두 개척자입니다.

1848년, 샌프란시스코의 작은 강가에서 금이 발견되자 사람들은 집을 팔고, 마차를 몰고, 서부로 향했습니다. 그 거대한 이동이 골드 러시였습니다. 이때 진짜 부를 쌓은 사람은 금을 캔 이들이 아니라, 그들에게 청바지와 곡괭이를 팔았던 사람들이었습니다. 이후 서부가 개발되며 동서 횡단 철도가 만들어졌고 동서의 시차로 인해 표준시와 시계가 탄생했습니다. 골드 러시가 나비 효과를 일으키며 금의 가치를 현저히 뛰어넘는 가치를 각자의 현장에서 만들었습니다.

이제 우리는 또 하나의 러시 한가운데에 있습니다. 'AI 러시'입니다. 많은 사람들이 뒤처질까 두려워 AI라는 금광을 향해 허겁지겁 달려갑니다. 모델을 만들고, 데이터를 모으고, 코드를 짜며 AI 전문가가 되려 합니다. 그러나 골드 러시의 역사는 우리에게 중요한 것을 보여줍니다. 진짜 혁신은 금광에서만이 아니라, 각자의 자리에서 일어났습니다. 텐트 천으로 청바지를 만들고, 대륙을 잇는 철도를 놓고, 각자의 현장에서 할 수 있는 방식으로 새로운 가치를 만든 사람들, 그들이 진짜 주인공이었습니다.

AI 러시 시대도 마찬가지입니다. 각자의 자리에서 AI를 제대로 활용하며 가치를 만드는 사람들이 이 시대의 진짜 주인공입니다. 우리는 지금, AI라는 미지의 서부 한가운데 서 있습니다. 방향은 정해져 있지 않고, 지도도 완성되지 않았습니다. 그러나 한 가지는 분명합니다. 우리가 그 새로운 땅을 헤쳐 나가는 개척자입니다.

골드 러시 때 동부를 떠나 서부로 향한 개척자들처럼, 우리는 질문하고, 실험하고, 실패하며 새로운 길을 만들어가야 합니다. 그 길이 어떤 변화를 가져다줄지는 아무도 모릅니다. 골드 러시 이후의 변화처럼, AI 러시 시대의 진정한 리더는 모든 혁신의 현장에서 각자의 여정을 AI와 함께 설계하고, 인간의 가능성을 더욱 확장하는 사람입니다.

이 책이 그 개척의 여정에서 당신만의 나침반이 되길 바랍니다.

우리는 모두, AI 러시 시대의 개척자입니다.

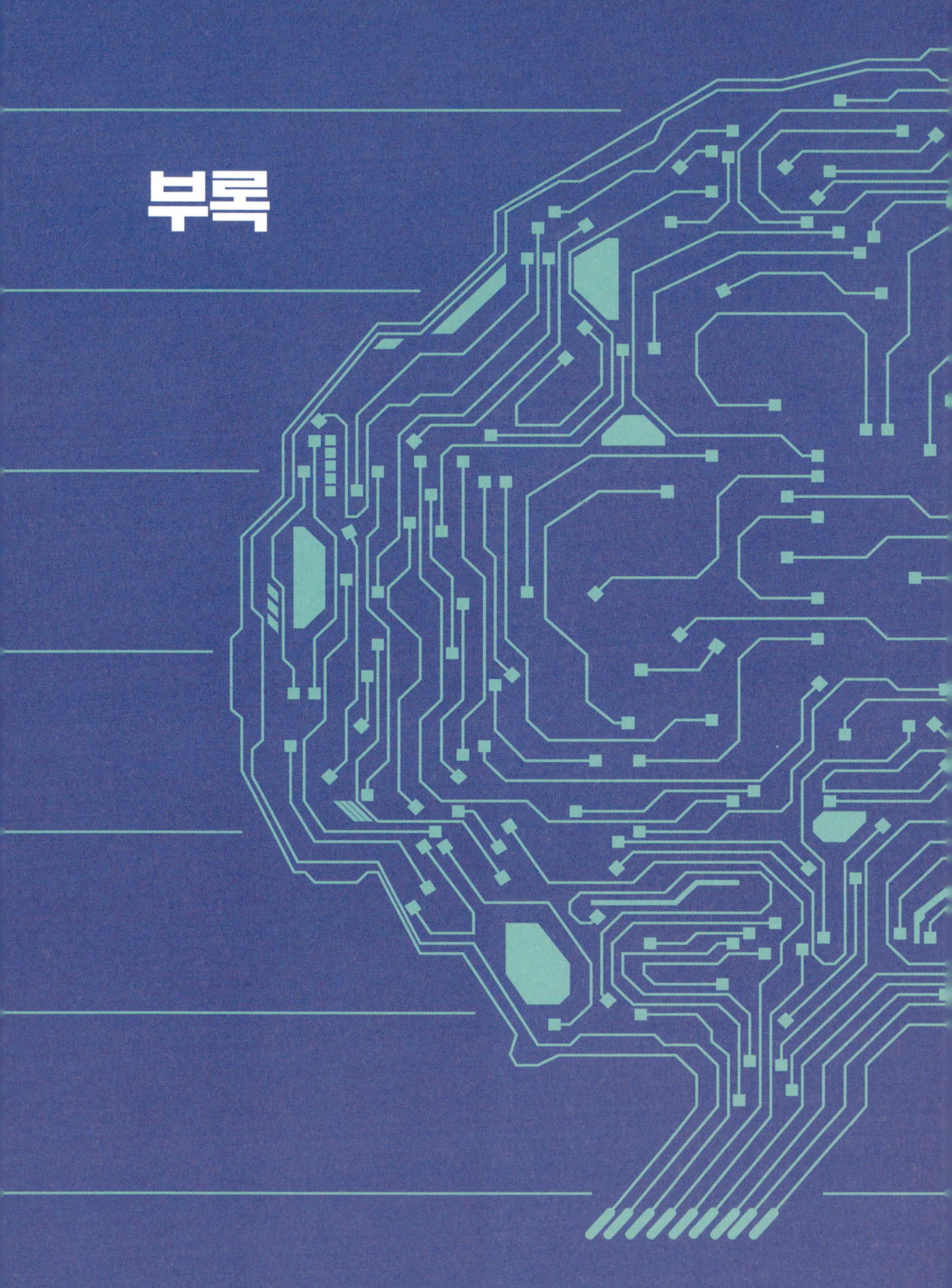
부록

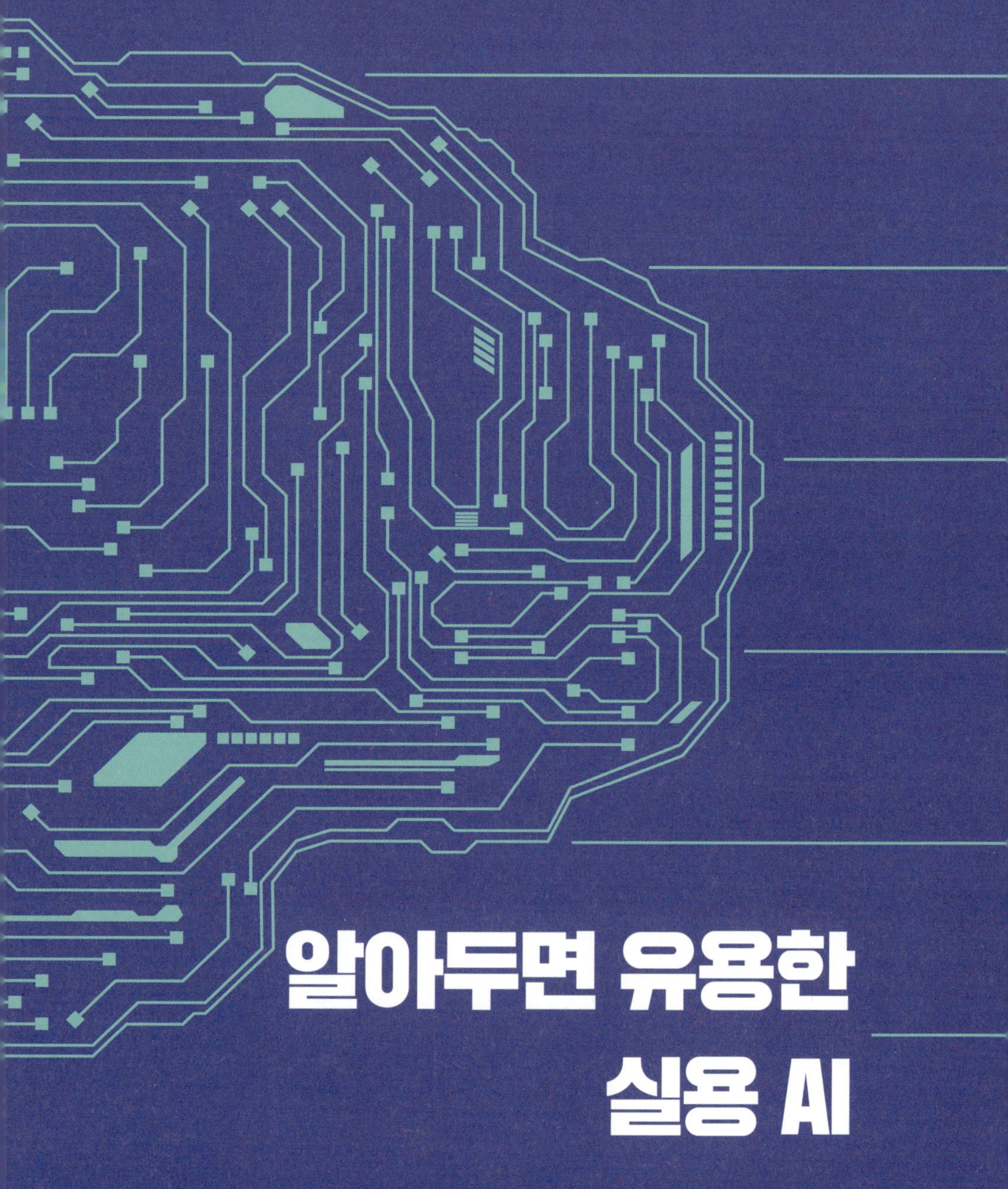
알아두면 유용한
실용 AI

앞에서 말한 LLM 기반의 AI와 함께 사용하면 좋을 대표적인 실용 AI를 추가하였다. 프레젠테이션 장표를 만들어주는 감마, 음성 녹음을 통해 회의록을 만들게 해주는 클로바노트, 유튜브나 긴 글을 요약 정리해주는 릴리스/노트북LM, 노트 정리에 탁월한 노션이다. 이외에도 응용 AI들이 많지만, AI 앱들의 UI/UX가 거의 동일하기 때문에 이것들만 자유자재로 사용하게 되면 다른 것도 쉽게 쓸 수 있게 된다.

1. 감마 — '생각을 시각으로 바꿔주는 AI 디자이너'

업무의 시작이 '아이디어'라면, 끝은 '전달'이다. 감마는 그 전달의 완성도를 책임지는 프레젠테이션 전문 AI다. 문장을 입력하면 복잡한 내용을 자동으로 구조화하고, 스토리 흐름에 맞춘 슬라이드 형식을 제안한다. 단순히 예쁜 템플릿을 만들어주는 수준이 아니라, 내용을 읽고 논리의 핵심을 파악한 뒤 시각적 구조로 변환한다는 점이 강점이다.

예를 들어 "AI 리터러시 교육의 중요성"이라는 글을 넣으면, 서론·본론·결론으로 구분된 흐름을 인식하고, 인포그래픽이나 도표로 표현 가능한 포인트를 찾아 자동으로 디자인한다. 따라서 보고서 초안을 손쉽게 발표 자료로 바꿀 수 있다. 감마의 진가는 '스토리텔링형 구조화'에 있다. 인간이 말로 설명해야 할 논리를 스스로 읽고, 청중이 이해하기 쉬운 순서로 배열해준다. 특히 텍스트 기반의 챗GPT나 클로드 결과물을 발표용으로 전환할 때 유용하다.

다만 완벽한 디자인 커스터마이징은 아직 제한적이다. 세부 색상·폰트 조정은 직접 손봐야 하지만, 초안을 70% 이상 완성된 형태로 만들어주기 때문에 시간 효율은 압도적이다. 결국 감마는 "말이 아니라 화면으로 설득하는 시대"의 도구다. 문장을 비주얼로, 아이디어를 경험으로 바꿔주는 조용한 AI 디자이너다.

감마 – 생각을 장표로 바꾸는 시각 설계자

감마를 열면 첫 화면에 4가지 선택지가 보인다. 앞의 3가지가 핵심이다.

① 생성 (Create with AI)

② 텍스트로 붙여넣기 (Paste your text)

③ 파일 또는 URL로 가져오기 (Import file or link)

④ 템플릿 리믹스하기

조사된 자료가 없을 때는 첫 번째 방식, AI 자체 생성 모드가 유용하다. 예를 들어 "외국인 관광객 대상 막걸리 소개 자료를 만들어줘. 역사 스토리텔링과 음식 페어링까지 포함해줘."라고 입력하면, 감마는 본인의 데이터베이스를 활용해 전체 발표 자료를 설계한다. 표지부터 구성 흐름, 이미지 톤까지 자동으로 제시하므로 '아이디어를 떠올리는 단계'부터 '프레젠테이션 초안'까지 단번에 완성된다.

이미 조사한 내용이 있다면 텍스트 붙여넣기에 정리한 내용을 그대로 입력하면 된다. 그러면 감마가 스스로 내용을 읽고, 챕터별로 나누어 구조화된 슬라이드를 만들어준다. 각 페이지에는 자동으로 제목, 본문, 이미지 제안까지 포함된다. 구성의 흐름이 마음에 들지 않으면 "이 장표를 앞쪽으로 옮겨줘", "요약 형태로 바꿔줘"처럼 AI에게 직접 수정 지시를 할 수 있다.

네 번째의 템플릿 리믹스는 기존에 사용자가 만든 템플릿을 불러와 사용하는 것이다. 베타테스트 중인 스튜디오 모드는 일률적이던 패턴을 다양화하고 그래픽 기능을 더 강화한 기능이다.

2. 클로바노트 — '기억을 대신해주는 회의 비서'

AI 중에서도 클로바노트는 가장 '현실적인 친구'에 가깝다. 업무 회의, 강의, 인터뷰 등 일상 속 말들을 정확히 기록하고 정리해주는 음성 인식 AI다. 네이버가 개발한 만큼 한국어 인식률이 탁월하고, 억양이나 잡음에도 안정적으로 대응한다.

클로바노트의 핵심은 '즉시성'이다. 회의가 끝나면 바로 텍스트 녹취록이 생성되고, AI가 자동으로 발언자 구분, 주제별 요약, 키워드 정리를 해준다. 특히 장시간 회의나 인터뷰를 하는 실무자에게는 이보다 효율적인 시간 절약 도구가 없다.

단순한 기록을 넘어 '기억의 확장' 기능도 갖고 있다. 회의 후 회의록을 클로드나 챗GPT에 붙여 넣으면, 추가로 요약, 결론 도출, 실행 과제 추출까지 가능하다. 즉, 클로바노트가 귀와 손이라면, 클로드는 두뇌가 된다.

실제 현장에서 회의 녹취만 남겨도 팀의 학습 속도는 달라진다. 반복 회의가 줄고 의사결정이 빨라진다. 무엇보다 중요한 건, 말로 흘러가던 지식이 문서화되어 조직의 '집단 기억'이 된다는 점이다.

클로바노트는 결국 기록의 민주화를 이끈다. 누가 회의록을 쓰느냐의 문제가 아니라, 모두가 같은 기억 위에서 일할 수 있게 만드는 도구다.

클로바노트 – 장시간 회의도 놓치지 않는 AI 녹음기

클로바노트는 국내 AI 중 가장 긴 녹음 시간(최대 3시간)을 지원한다. 다른 AI들이 대화형 녹음(10~30분)에 머무는 반면, 컨퍼런스, 회의, 수업, 세미나 전체를 기록할 수 있다. 녹음을 시작하면 AI가 실시간으로 텍스트를 생성하고, 종료 후에는 발언자별로 구분된 회의록이 자동 저장된다.

다만 아직까지는 '요약'이나 '맥락 파악' 수준은 아직 미흡하다.

그래서 활용 핵심은 '녹음 → 클로드 연계 요약'이다.

클로바노트 오른쪽 상단의 다운로드 버튼을 누르면 음성 기록 파일이 내려받아진다. 이 파일을 텍스트나 워드로 변환한 뒤, 클로드에 붙여 넣고 "이 회의의 핵심 주제와 결론, 후속 과제 정리해 줘."라고 하면 맥락이 명확한 회의 요약을 얻을 수 있다. 특히 주제가 자주 바뀌거나 발언자가 여러 명일 때, 클로드는 문맥 흐름을 파악해 요약하는 능력이 뛰어나다.

실무 활용 예시

컨퍼런스/인터뷰 등 스피치 녹음 → 클로바노트 음성 텍스트 파일 내려받기 → 클로드에 텍스트 파일 복사 붙이기 한 후 요약 요청

핵심 한 줄 :

"클로바노트는 귀, 클로드는 두뇌다. 둘을 함께 써야 완성된다."

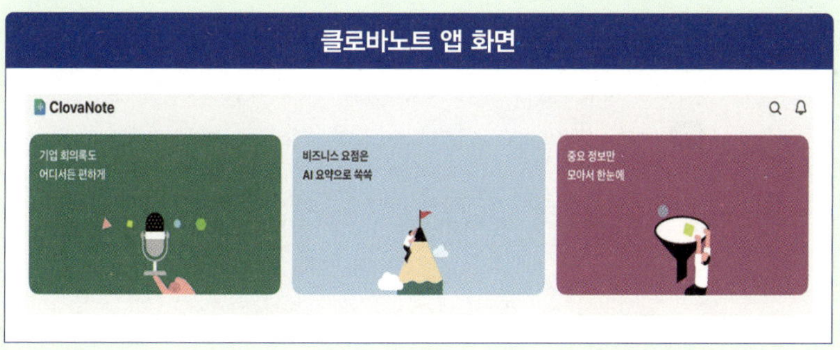

3. 릴리스·노트북LM — '맥락을 읽는 AI 리서처'

. . .

AI를 쓰다 보면 정보의 '홍수' 속에서 시간을 아끼고 싶을 때가 있다. 릴리스와 노트북LM은 이 문제를 해결하는 AI 리서처다. 릴리스는 텍스트뿐 아니라 영상 콘텐츠 요약에 강하다. 유튜브 링크를 넣으면 자막을 분석해 주제별 요약을 생성하고 몇 분 대에 핵심 메시지가 있는지 링크를 걸어 그 부분만 볼 수 있게 해준다. 긴 보고서, 논문, 유튜브 영상, 인터뷰 기록 등을 빠르게 요약하고, 전체 구조를 파악할 때 유용하다.

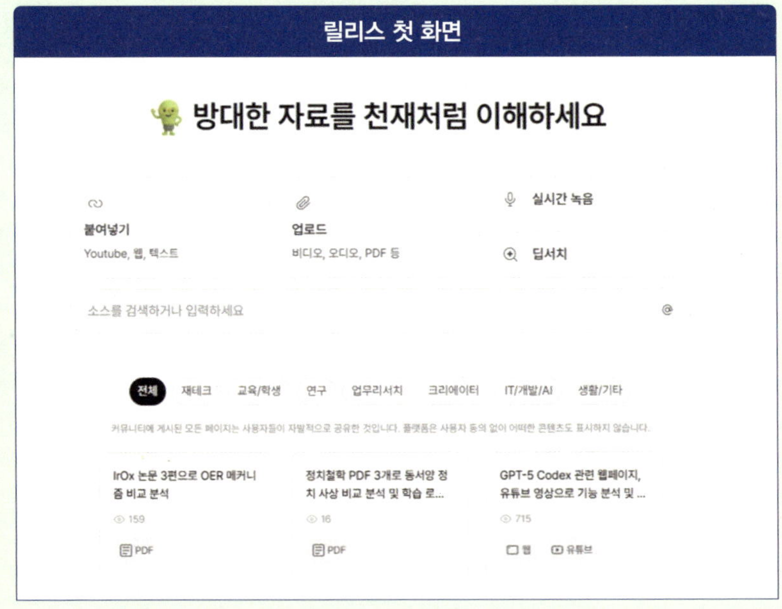

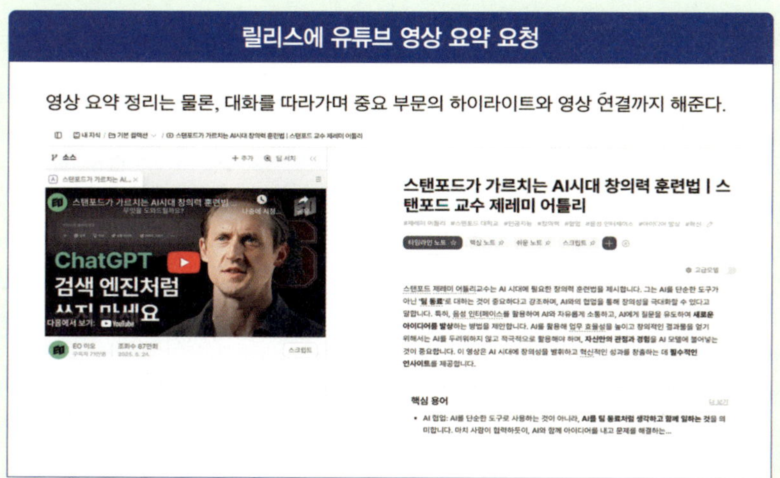

노트북LM - 나만의 지식 영역 안에서 생각하는 리서처

노트북LM은 릴리스와 비슷하지만 더 깊고 다양한 역할을 한다. 일반적인 AI처럼 웹 전체를 참고하지 않고 노트북 안의 랭귀지 모델 이름처럼 내가 노트북에 넣어주는 문서, 메모, 유튜브 등 '내 데이터 안에서만' 생각한다. 즉, 나만의 '작은 우주'를 만들어 그 안에서 집중적으로 분석하는 AI다. 문서, PDF, 메모, 유튜브 링크 등을 동시에 업로드하면 노트북LM은 이를 하나의 지식 베이스로 인식한다. 그 안에서 질문을 하면, 외부의 평균적인 자료가 아니라 내가 제공한 파일 속 근거의 범주에서 답한다. 그래서 "광대한 정보의 바다에서 답을 가져오는 다른 AI"와 달리 "내가 준 정보 안에서 집중적이고 더 깊이 파고드는 AI"라고 할 수 있다.

노트북LM은 '정보 압축 + 맥락 파악'이 탁월하다. 파악한 맥락 기반 오디오 팟캐스트는 아무리 어려운 내용도 쉽게 이해할 수 있는 음성 설명 자료를 만들어준다. 이해하기 어려운 내용, 새로운 기술이나 글로벌 이슈 등에 대해 관통하는 이해를 얻고 싶을 때 노트북LM에 수집한 자료를 넣은 뒤 오디오 팟캐스트를 생성해 들으면, 탁월한 맥락 이해력에 감탄하게 된다. 마인드맵 정리와 동영상 개요도 만들어준다.

사용 예시

예를 들어 'AI 시대 인재상' 관련 리포트 5개와 나의 인재상에 대한 개인적인 견해를 텍스트로 입력하면 노트북LM은 그 범위 안에서 "6개의 문서가 공통으로 말하는 인재상은 무엇인가?"와 같은 질문에 근거 기반으로 답한다. 유튜브 자막, 회의 메모,

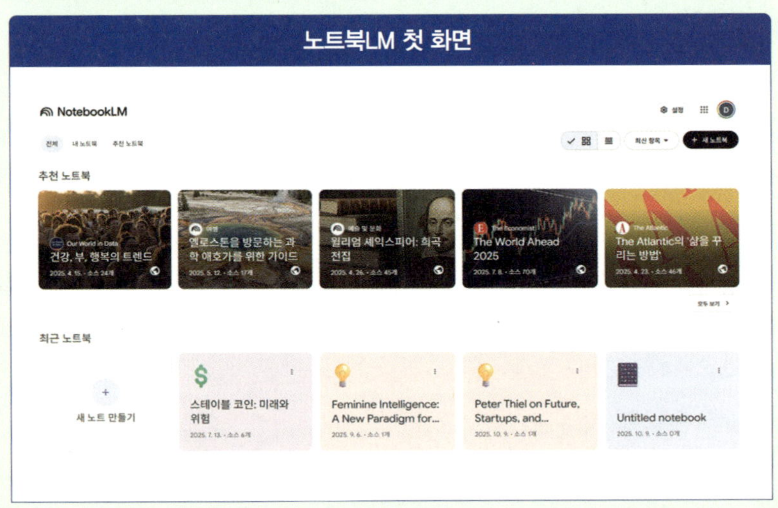

기사 텍스트를 섞어도 무방하다. 동시에 여러 형식을 인식하고 문맥적 관계를 찾아내는 것이 가장 큰 강점이다.

영상 요약 정리는 물론, 대화를 따라가며 중요 부문의 하이라이트와 영상 연결까지 해준다.

다양한 정보를 동시에 넣어주면(좌측) 그 내용 요약이 나오고(중간) 그것을 두 사람이 문답 형태로 진행하는 팟캐스트 형식의 오디오 파일, 마인드맵, 영상 파일 등 다양한 결과물로 우측에 만들어준다. 맥락과 깊이 있는 이해가 뛰어나다.

핵심 한 줄 :

"노트북LM은 세상의 지식을 읽는 AI가 아니라, 내가 모아준 지식을 곱씹는 AI"

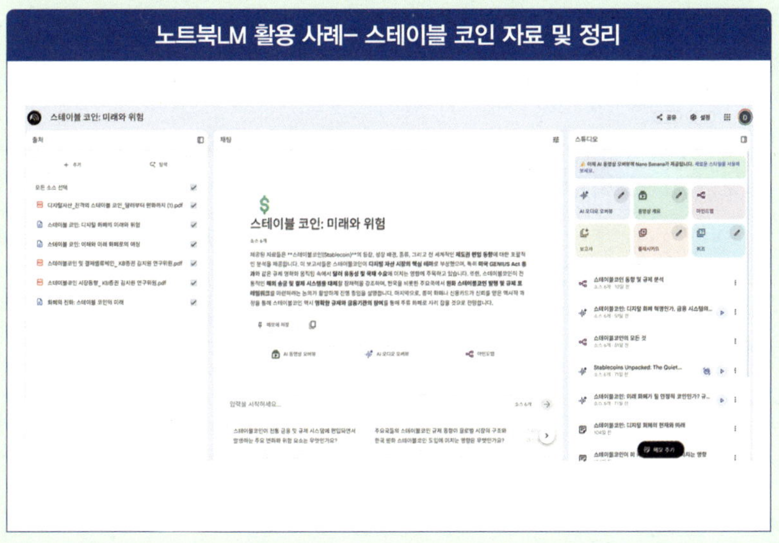

4. 노션 AI — '팀의 두뇌가 되어주는 협업형 기억 시스템'

...

AI를 자주 쓰다보면 그 결과물을 저장할 곳이 필요해진다. 워드 파일로 저장해두면 되지만, 워드는 모바일로 접근이 어렵고, 마인드맵 구조로 자료를 정리할 수 없다. 또한 조직이 함께 쓰며 업데이트를 하는 것도 불가능하다. 노션 AI는 이 차이를 메워주는 존재다. 기본적으로 문서 작성, 데이터베이스, 일정 관리, 프로젝트 보드 등 협업 도구로 널리 쓰인다. 여기에 AI 기능이 결합되면서 문서 요약, 자동 정리, 아이디어 생성, 테스크 리마인드 등 업무 흐름 전반을 지능적으로 지원한다.

예를 들어 회의록을 입력하면 AI가 핵심 과제만 추려 테스크 보드에 자동으로 반영하고, 관련 문서를 연결한다. 이 기능은 단순한 자동화가 아니라 지식의 연결이다. 개인의 노트가 조직의 위키로 확장되고, 개인의 생각이 팀의 자산으로 전환된다.

노션 AI - 모바일로 이어지는 '생각의 지도'

여러 장점 중에도 노션 AI의 경쟁력은 모바일에서 문서 정리·수정이 자유롭다는 점이다. 회의 중에도, 이동 중에도 즉시 내용을 정리하고 그것이 팀 전체의 노트와 실시간으로 연결된다. 원격·하이브리드 근무 환경에 최적화되어 있다.

txt, docs 파일은 파일 하나가 개별적으로 존재하고, 폴더를 만들어 그 파일들을 넣어 정리해야 하지만, Notion은 문서 안에서 관련된 노트, 회의록, 아이디어를 트리 구조 또는 마인드맵 식으로 연결성을 갖게 엮을 수 있는 것이 큰 장점이다. 예를 들어 'AI 교육 프로젝트'라는 페이지를 만들면 회의록, 발표 자료, 참고 리포트를 책의 목차처럼 연결해서 관리할 수 있다.

핵심 한 줄 :

"노션 AI는 메모장이 아니라, 연결된 두뇌다."

부록에서 언급한 이들 AI는 단순한 '대화 도구'가 아닌, 생각-실행-기록-공유의 완전한 사이클로 이어주는 실무형 파트너다. 감마는 '형태'를, 클로바노트는 '기억'을, 릴리스는 '요약'을, 노트북 LM은 '깊이'를, 노션은 '기록'을 책임진다.

리더는 AI에게
질문하지 않는다

지은이_ 김희연
펴낸이_ 양명기
펴낸곳_ 도서출판 **북피움**

초판 1쇄 발행_ 2026년 1월 27일
초판 2쇄 발행_ 2026년 2월 19일

등록_ 2020년 12월 21일 (제2020-000251호)
주소_ 경기도 고양시 덕양구 충장로 118-30 (219동 1405호)
전화_ 02-722-8667
팩스_ 0504-209-7168
이메일_ bookpium@daum.net

ISBN   979-11-994320-3-1 (03320)

- 잘못 만들어진 책은 바꾸어 드립니다.
- 값은 뒤표지에 있습니다.